KAREN COUMBE & KAREN BUSH

GUÍA PARA AFRONTAR

EMERGENCIAS EQUINAS

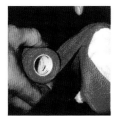

UNA GUÍA COMPLETA PARA HACER FRENTE A
CUALQUIER EMERGENCIA RELACIONADA CON
LOS CABALLOS: DESDE LOS PRIMEROS AUXILIOS A
LAS NORMAS ELEMENTALES DE SEGURIDAD EN RUTA

ACANTO

Karen Bush: A Mick Wood – una constante inspiración

Karen Coumbe: A Polly y Florence,
¡sin cuya colaboración este libro se hubiera podido escribir en la mitad de tiempo!

Karen Bush ostenta el título de monitora diplomada y, desde hace varios años, trabaja instruyendo a clientes de todas las edades y niveles en reconocidos centros ecuestres.

Karen Coumbe BEVC, es una distinguida veterinaria cirujana asociada al Bell Equine Veterinary Clinic, el Colegio de Veterinarios Cirujanos reconocido por el hospital equino de Mereworth, Kent. Ha escrito varios libros sobre caballos y es veterinaria adjunta de *Horse & Hound*.

2005 © Editorial Acanto
Barcelona - Tel. 93 418 90 93
www.editorialacanto.com

Título de la edición original:
EQUINE EMERGENCY BIBLE
© David & Charles - Londres

Traducción: Carol Segarra
Revisado por el veterinario: Eduard Gascón
Fotocomposición: Nova Era

ISBN: 84-95376-52-0

Impreso en Singapore

Contenido

Los accidentes existen; raramente pueden predecirse y, la mayoría de las veces en las que se les ve venir ya nada puede hacerse sino subsanar las consecuencias. Muchos de ellos pueden evitarse con algo de sentido común, una cuidadosa observación y un poco de suerte: no hay excusa posible para cualquier accidente o emergencia como resultado de la negligencia, la pereza o los malos hábitos.

Es fácil caer en la autoconfianza. Muchos de los accidentes relacionados con los caballos ocurren con animales que creemos conocer a

"Más vale prevenir que curar"

¡Tened siempre en mente este valioso lema! Tener un plan de actuación frente a las emergencias es una buena medida para combatirlas.

❑ Preved un botiquín de primeros auxilios.

❑ Confeccionad una lista con los principales números de teléfono: veterinario, herrador, médico, equipo de rescate, propietario del caballo…

❑ Grabad el teléfono de vuestro veterinario en el móvil (ver p. 102).

❑ Colgad esa lista en un lugar preferente de las caballerizas.

❑ Tened los documentos del seguro siempre a mano.

fondo y que generalmente muestran un comportamiento tranquilo y sensato ante diversas circunstancias. Aquellos cuyas acciones y reacciones parecen menos predecibles suelen inspirar un mayor respeto y requieren una mayor atención en su manejo. Sin embargo, la seguridad, tanto a pie como montados, es algo aplicable a todos los equinos a fin de

minimizar riesgos, independientemente del temperamento del animal.

Frente a un caso de emergencia o accidente, es importante considerar los consejos de este libro únicamente como una guía, pues aunque muchas situaciones pueden ser parecidas, no hay dos idénticas. Aplicad la lógica y el sentido común, pensad antes de actuar y manteneos mentalmente flexibles para adaptar vuestras decisiones a las particularidades de cada incidente.

Aunque todas nuestras sugerencias acerca de cómo actuar adecuadamente frente a una emergencia sean apropiadas, este libro no es un manual médico: si el problema persiste y es potencialmente peligroso, hay que buscar un consejo profesional de primera mano.

Emergencias veterinarias

Está demostrado que la efectividad del acertado tratamiento inicial de cualquier herida o enfermedad favorece una recuperación más rápida y exitosa. La información facilitada en la sección veterinaria plasma lo que es normal en el caballo para que, en caso de observar alteraciones, podáis actuar adecuadamente durante los primeros estadios de lo que podría entrañar una crisis. **En ningún caso pretende excluir o sustituir el seguimiento por parte del veterinario**, y no debe emplearse con tal fin; su propósito es ayudaros a reconocer cuándo un caballo presenta un problema y a diseñar vuestro plan de acción.

Los contenidos de la 1ª Parte deberían responderos la mayoría de las preguntas que suelen hacerse al veterinario. Aunque no debéis dejar de consultarle, os ayudarán a decidir

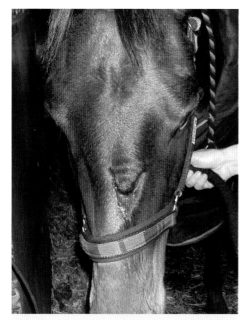

Tranquilos: a primera vista, muchas lesiones parecen peor de lo que son en realidad. Esta herida se curó perfectamente tras unos puntos de sutura

cuándo es indispensable su presencia. Es importante establecer una buena comunicación con vuestro veterinario; en efecto, es absurdo llamarle a medianoche para atender a un caballo que lleva tres días enfermo, pero también es injusto dejar padecer toda la noche a un caballo que necesita un tratamiento urgente. ¡En estos casos, ser objetivo dependerá de nuestra sensatez, experiencia e intuición! En cualquier caso, siempre resulta prudente llamar para hacerle una consulta, antes de dejar al caballo sin tratamiento alguno o correr el riesgo de actuar erróneamente y empeorar las cosas a largo plazo.

Comentando vuestra preocupación al veterinario, muchas dolencias podrán resolverse con algunas simples instrucciones. Por otra parte, si estáis en una situación de emergencia

Protocolo de Emergencia

En caso de presenciar una emergencia, seguid el procedimiento siguiente:

❑ **Mantened la calma**

Es más fácil decirlo que hacerlo, pero recordad que tendréis que asistir a un caballo/jinete, posiblemente presa del pánico. Una actitud serena y segura puede contribuir a tranquilizarles y evitar males peores.

❑ Avisad a los profesionales que deban intervenir con la mayor brevedad posible.

❑ Pedid ayuda; por controlable que os parezca la emergencia, puede necesitar más de un par de manos.

❑ No hagáis más de lo que podáis sin comprometer vuestra propia seguridad ni la de los demás. Recordad el peligro potencial que implica el manejo de un caballo aterrorizado o herido: la preservación de las vidas humanas siempre debe ser preferente respecto a la de los equinos.

❑ Llevad una vestimenta y calzado apropiados.

❑ Una vez controlada la situación, avisad a todas las partes relevantes, como familiares, el propietario del caballo y las compañías aseguradoras.

¿Están simplemente descansando o pasa algo raro? Están tomando el sol, pero éste es un buen ejemplo de por qué es tan importante que observemos el comportamiento normal en nuestros caballos

y el veterinario os conoce tanto a vosotros como al caballo, tendrá una mayor predisposición a acudir a vuestra llamada de auxilio. Los veterinarios trabajan en pequeñas clínicas privadas y cuentan con algunos auxiliares especializados con los que comparten las consultas sobre caballos. Suelen estar de guardia las 24 horas del día, así que considerad que el veterinario al que llamáis en plena noche, posiblemente tenga que seguir trabajando al día siguiente; en otras palabras: tratad de evitar las llamadas nocturnas innecesarias. A los veterinarios les resulta muy frustrante que les soliciten a medianoche para atender a un caballo que hubiera sido mucho mejor visitar el día anterior. Si aprendéis a reconocer los primeros síntomas de una emergencia, vuestro caballo podrá beneficiarse de una atención veterinaria más rápida y eficaz, lo que implica menos preocupación y gastos para vosotros.

Primeros auxilios para personas

La 3ª Parte trata de los primeros auxilios para personas. Sus objetivos son los mismos que los concernientes a los caballos:

❑ salvar la vida;

❑ prevenir el empeoramiento;

❑ promover la recuperación de la víctima.

La mayoría de las caídas acaban en simples magulladuras, pero otras pueden ser mucho más serias; las heridas pueden ocurrir durante el manejo del caballo, mientras se monta o simplemente mientras se trabaja en las caballerizas. Si alguien resulta herido, debéis auxiliarle. Tened presente que esta guía no es un libro de texto sobre primeros auxilios para personas: realizar un cursillo al respecto es siempre una buena idea.

1 Cuidados veterinarios en casos de emergencia

En este apartado

Cuidados rutinarios y de emergencia

¿Qué son los primeros auxilios?

Los primeros auxilios son los primeros cuidados que se prestan a una herida o trastorno. Pueden necesitar de unos "segundos auxilios" que impliquen un tratamiento o estudio más sofisticado, según requiera la gravedad del problema inicial. Los objetivos de los primeros auxilios son:

❏ salvar la vida;

❏ mitigar el sufrimiento;

❏ estabilizar las constantes del paciente (humano o equino);

❏ minimizar la gravedad del caso;

❏ fomentar la recuperación.

Las grandes normas de los Primeros Auxilios

EVITAR EL PÁNICO

Un acercamiento sosegado y tranquilizador beneficiará a todas las partes implicadas, incluido el caballo. En cuanto detectéis el problema, tomad aire y pensad en un plan. A los asistentes veterinarios se les enseña a valorar primeramente la situación y a actuar después. Cuanto más urgente es la situación, menos planes requiere y más de una reacción inmediata. Seguid los siguientes pasos:

E **Escanead** con la mirada las condiciones de las personas, los caballos y el entorno.

I **Identificad** los principales problemas y predecid el posible devenir de los mismos.

A **Asistid** en primer lugar a quienes más lo necesiten.

P **Planificad** la acción y elegid a quienes deban llevarlo a cabo.

E **Ejecutad** el plan.

R **Reconsiderad** el plan y persistid hasta estabilizar a las personas y/o caballos.

COMPROBAR LA SEGURIDAD DE TODO EL MUNDO

❏ Un caballo asustado es imprevisible, así que estad atentos a la seguridad de los presentes.

❏ Por norma general, buscad ayuda antes de asumir una determinación drástica, y nunca corráis ningún riesgo: ¡lo único que puede empeorar la situación es que haya más heridos!

❏ Si sois los primeros en llegar a la escena del accidente, atad al caballo, a ser posible, con una cabezada (he aquí una buena razón para llevar siempre una en el coche) e intentad calmarle; después deteneos, pensad con calma y buscad ayuda.

LLAMAD AL VETERINARIO

Con los modernos medios de comunicación, como los teléfonos móviles, buscapersonas y similares, os debería ser relativamente fácil contactar con vuestro veterinario para preguntarle si vuestro problema es verdaderamente una urgencia. Es importante que actuéis así:

❏ Decid siempre que creéis estar ante una posible emergencia.

❏ Dad la siguiente información: el nombre del caballo, las señas de su propietario y vuestro número de teléfono por si necesitaran llamaros más tarde.

❑ Mantened la línea desocupada por si el veterinario os volviera a llamar; no llaméis a nadie más hasta que hayáis hablado con él.

❑ La persona más adecuada para hablar con el veterinario es quien más sabe acerca de las heridas o del trastorno del caballo.

❑ Si las heridas o el trastorno del caballo son severos, puede que sea necesario transportarle a una clínica en la que habrá mayores facilidades para atenderle.

❑ Para un caballo, siempre es mejor ser transportado cuanto antes, si está en condiciones para hacerlo; ¡si se recupera por el camino, mejor! En el peor de los casos, siempre que llegue a un hospital estará en el lugar adecuado. Evidentemente, si se le priva durante demasiado tiempo de una asistencia adecuada en el hospital o si no está en condiciones de viajar, el veterinario y vosotros mismos os enfrentaréis a mayores dificultades cuando lleguéis a casa.

CUÁNDO LLAMAR AL VETERINARIO

Frente a una potencial emergencia, sin duda la experiencia es de gran ayuda para identificar una verdadera crisis. En caso de duda, llamadle para pedir su opinión y/o consejo.

Si vuestro caballo padece un trastorno importante, un cólico severo o algún otro dolor intenso, llamadle inmediatamente. Hay otros problemas, como heridas menores, a los que muchos propietarios no dan importancia y que se beneficiarían de una visita de urgencia por parte del veterinario, y también muchos factores que inducen a diferentes grados de preocupación e incertidumbre sobre si es o no es necesario citarle. Es imposible describir cada una de estas situaciones o dictar los pasos a seguir para cada una de ellas; nos limitaremos a hablar de los cólicos, cojeras, atragantamientos y partos.

❑ Cólicos
El retraso puede ser peligroso.
No importa lo experimentados que podáis ser: si un cólico incipiente persiste durante más de media hora o parece remitir, pero vuelve, deberíais llamar al veterinario.

❑ Cojeras
Pueden necesitar tratamiento urgente.
Por lo general, si un caballo se sostiene con sólo tres patas y no puede andar, deberíais llamar al veterinario inmediatamente. Si, por el contrario,

un caballo puede andar con la pata lastimada pero prefiere no apoyarla, la lesión no será tan grave, aunque convendría que el veterinario (o el herrador, en caso de que el problema esté localizado en el pie) le echara un vistazo ese mismo día.

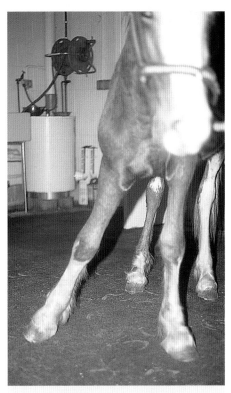

Posición anormal de la pata de un poni con una fractura en la mano derecha

❑ Heridas

La ubicación de la herida es crucial.

Las heridas siempre resultan alarmantes. Un corte reciente y limpio en la piel deja un colgajo que es un buen candidato a unos puntos de sutura. Normalmente, sólo vale la pena suturar una herida si es fresca (menos de 6 u 8 horas). Muchas heridas se cierran perfectamente sin necesidad de puntos.

No obstante, cualquier herida cercana a una articulación u otra estructura vital –como por ejemplo al tendón que hay detrás de la cuartilla– debe tomarse muy en serio, pues podría lisiar al caballo de por vida. Si detectáis una herida de este estilo, por pequeña que parezca, deberíais contactar sin dilación con vuestro veterinario, pues podría acarrear una cojera peor de lo que podáis sospechar.

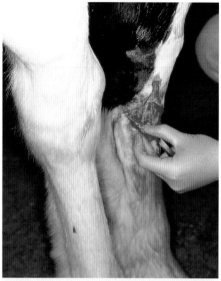

Una herida siendo explorada por el veterinario

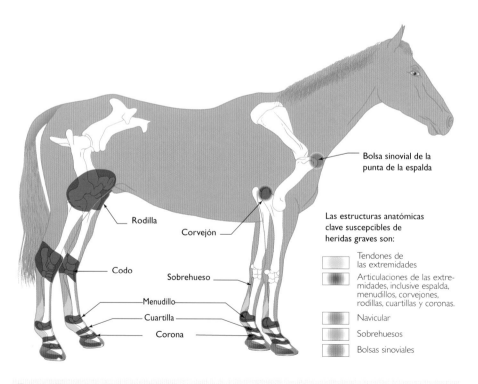

Bolsa sinovial de la punta de la espalda

Rodilla

Corvejón

Codo

Sobrehueso

Menudillo

Cuartilla

Corona

Las estructuras anatómicas clave suscepcibles de heridas graves son:

Tendones de las extremidades

Articulaciones de las extremidades, inclusive espalda, menudillos, corvejones, rodillas, cuartillas y coronas.

Navicular

Sobrehuesos

Bolsas sinoviales

Zonas peligrosas: puntos susceptibles de heridas graves

❏ Atragantamientos

Normalmente, parecen accidentes de extrema gravedad, pero suelen ser menos serios de lo que aparentan; la mayoría de las veces, desaparecerán antes de que llegue el veterinario. El atragantamiento tiene lugar cuando la comida queda atascada en algún lugar de la garganta. Lo más importante es impedir que el caballo coma o beba más: alojadle en un box sin forraje ni cama comestible y pedid consejo al veterinario. Al poco rato de vuestra llamada, el atragantamiento habrá remitido. De todas formas, aunque no siempre es tan grave como parece, si la obstrucción no desaparece en una hora, necesitaréis la ayuda del veterinario.

❏ Dificultades durante el parto
Es la principal de las alertas rojas

Desde el momento en que algo se tuerce, cada minuto es vital para salvar la vida del potro y su madre. Lo ideal es que la yegua pueda parir con la ayuda de unas manos expertas; si no es vuestro caso, citad al veterinario en el instante en que se desencadene el parto.

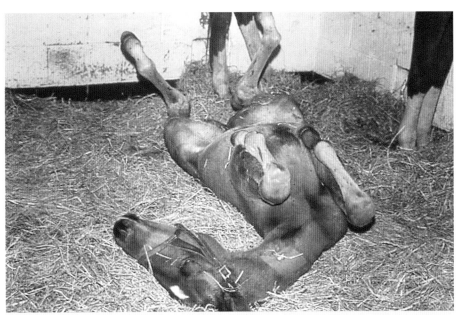

Este potro sufre un cólico.

TRANQUILIZAD A LA YEGUA

Mientras llega el veterinario, haced cuanto podáis por tranquilizar a la yegua. Hay varias cosas que podéis hacer al respecto y que se tratan en los apartados correspondientes, pero **la regla de oro que debéis recordar por encima de todo es no intentar nada que pueda perjudicarles**. La cantidad y la calidad de vuestra intervención dependerá de las condiciones a las que os enfrentéis. Por ejemplo, si hubiera una hemorragia, podéis ejercer presión con un paño limpio para intentar detenerla, en vez de esperar al veterinario para que lo haga. Usad el sentido común: a priori, cualquier caballo cojo se recupera mejor en el campo; sin embargo, si sospechamos que tiene una pata rota, no tiene ningún sentido animarle a caminar.

Las constantes vitales del caballo

Si conocéis la normalidad del caballo, os percataréis rápidamente de si algo va mal. La atenta observación diaria es la mejor herramienta para percibir cambios sutiles que pueden indicar algún trastorno. Una manera fácil de recordar qué hay que mirar es pensar en ABC: Apariencia, Buen (o mal) comportamiento y Condición. Comprobad cada uno de estos puntos para confirmar su bienestar. Por consiguiente, un caballo con aspecto aburrido que se niega a comer puede tener fiebre y necesitar tratamiento urgente. Si su cuerpo está demasiado caliente, frío o sudado, deberíais tomarle la temperatura, así que tened el termómetro a mano.

	Valores normales
Temperatura	de 37° a 38 °C
Pulso	de 32 a 42 pulsaciones por minuto
Frecuencia respiratoria en reposo	Entre 8 y 14 respiraciones por minuto

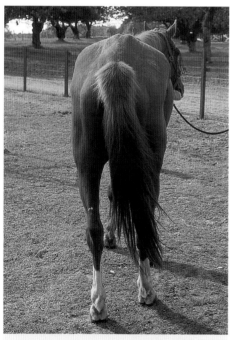

Si veis que un caballo está cada día más delgado, debéis preguntaros por su pérdida de peso

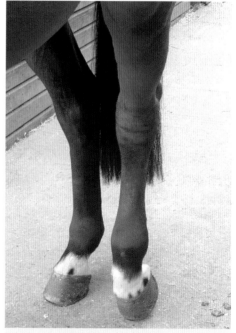

Pie en reposo como resultado de una herida. La fiebre podría ser un síntoma de infección

Comprobar la temperatura del caballo

Cómo hay que tomar la temperatura

- ❏ Impregnad el extremo del termómetro con algún lubricante, como vaselina o saliva. Como medida se seguridad, haced que alguien sujete al caballo por la cabeza y le mantenga tranquilo.
- ❏ La temperatura del caballo se toma en el recto. Manteneos a un lado de los cuartos traseros, deslizad la mano por la grupa y sujetad firmemente la base del maslo.
- ❏ Apartad la cola e insertad el extremo del termómetro en el ano. Con una mano, seguid sujetando la cola para que no pueda agitarla y con la otra, el termómetro.

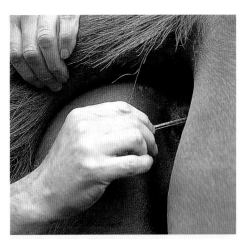

Forma correcta de tomar la temperatura

- ❏ Manteneos a un lado del caballo para que no pueda cocearos. Extraed el termómetro al cabo de un minuto, inclinándolo ligeramente para separarlo de las paredes del recto.
- ❏ Limpiadlo con un poco de algodón o tela, y leedlo. Cuando hayáis terminado, limpiadlo con agua fría y desinfectante.

❏ Si el resultado indica una temperatura alta o baja, repetid la operación al cabo de 30 minutos para confirmar la lectura.

Temperatura ligeramente alta

No acusa nada serio y es normal tras el ejercicio.

Temperatura alta: más de 40 °C

Algo falla: significa que el caballo está enfermo, padece una infección vírica o bacteriana o que tiene dolor.

Temperatura muy baja

Indica que el caballo no se encuentra bien y podría estar en un estado de shock.

Cómo se usa el termómetro

Existen termómetros veterinarios, aunque los domésticos pueden servir perfectamente. Los ideales son los de lectura digital.

Si usáis un termómetro de vidrio, aseguraos de que el mercurio esté alojado en la capsulita inferior, porque de no ser así os daría una lectura más baja.

Algunos microchips indican la temperatura del caballo, siempre que se disponga del lector especial.

Aunque normalmente la temperatura viene indicada en grados Centígrados (°C), hay gente que está más familiarizada con los grados Fahrenheit (°F). La mayoría de los termómetros indican la temperatura en ambas escalas; otros no.

Para realizar la conversión, resolved las siguientes ecuaciones:

$$°C = (°F - 32) \times 5/9$$
$$°F = (°C \times 9/5) + 32$$

Comprobar el pulso y la frecuencia cardíaca

Si sabéis leer el pulso y la frecuencia cardíaca de vuestro caballo, podréis hacer un seguimiento de su bienestar. La frecuencia cardíaca en reposo varía de un animal a otro en función de varios factores, como la edad, raza y estado de forma física. El corazón de un caballo es un músculo poderoso y eficaz, por lo que no necesita latir muy activamente; en realidad, apenas se percibe si el caballo está en reposo y éste es un hecho absolutamente normal, aunque resulta algo desconcertante cuando uno intenta tomarle el pulso. Practicad con vuestro caballo después de hacer ejercicio: el pulso será más fuerte y evidente.

Cómo percibir los latidos

Donde mejor se aprecian los latidos del corazón de un caballo es en el lado izquierdo de la parte baja del pecho, en el punto donde coinciden el paso de la cincha con el codo. El pulso es la fuerza del latido con la que la sangre es bombeada rítmicamente a través de las arterias. Podríamos decir que la frecuencia cardíaca y la del pulso son lo mismo.

Tomar el pulso al caballo

El pulso de un caballo en reposo es muy bajo, por lo que detectarlo puede ser difícil.

❑ El mejor lugar para sentirlo es donde la arteria facial pasa bajo los carrillos. Mantened su cabeza inmóvil y aseguraos de que no está comiendo.

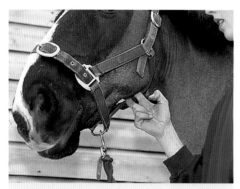

Cómo tomar el pulso donde la arteria facial pasa debajo de los carrillos

❑ Deslizad los dedos por la cara interna del hueso de la mandíbula; notaréis una especie de estructura tubular: es la arteria.

❑ Si presionáis con la yema de los dos o tres primeros dedos, podréis sentir el pulso.

❑ Contad el número de latidos durante 15 segundos y multiplicadlos por cuatro para obtener las pulsaciones por minuto.

Otros indicadores del pulso

Otros puntos en los que podéis buscar el pulso están:

❑ en la cara interna de las manos, justo debajo del codo, donde se encuentra la llamada arteria axilar;

❑ en la parte trasera de los menudillos, donde la arteria digital discurre hacia los pies (ahí, el pulso de un caballo o poni con laminitis o pus en el casco palpitará con fuerza, debido a una mayor irrigación sanguínea);

❑ debajo del maslo está la arteria coxígea; es un buen punto a explorar en caballos que no coceen.

Un pulso puntualmente acelerado

Ante un inesperado aumento del pulso, debéis considerar las siguientes razones:

❑ Está nervioso o asustado. Por ejemplo, cuando el veterinario u otra persona desconocida se le acerca, el pulso se disparará; pero cuando el caballo se calma, vuelve rápidamente a la normalidad. La ansiedad es un factor que suele incrementar transitoriamente las pulsaciones.

❑ Es debido al ejercicio. Si ha estado trabajando, su pulso es más rápido de lo normal. El pulso del caballo depende de la cantidad de ejercicio al que se le ha sometido, de su capacidad de recuperación y de su estado de forma física.

❑ Si el caballo se ha lastimado mientras competía, no os dejéis asustar por un pulso acelerado. Antes de tomárselo, dadle un tiempo para que recupere la normalidad.

Un pulso permanentemente acelerado

Algunas razones que justifican un pulso acelerado:

- ❑ dolor;
- ❑ fiebre;
- ❑ agotamiento;
- ❑ shock;
- ❑ lesión cardíaca.

Si vuestro caballo mantiene un pulso acelerado –más de 80 pulsaciones por minuto–, es que le ocurre algo grave. Observad si puede existir alguna otra causa como, por ejemplo, un cólico, y avisad al veterinario.

Un pulso ralentizado

Un pulso lento significa un caballo relajado, en forma y feliz, pero también puede indicar algún trastorno grave como un estado de shock, una hipotermia o incluso un envenenamiento. Si observáis un caballo feliz con un pulso lento, no os preocupéis; pero si parece abatido, lo primero que debéis hacer es tomarle la temperatura. Si el caballo está conmocionado, tendrá un pulso débil y tendréis que averiguar por qué. Si no se os ocurre qué podéis hacer por él –como abrigarle con una manta–, llamad al veterinario.

Comprobar la frecuencia respiratoria

La frecuencia respiratoria aumenta con el ejercicio, el dolor y las altas temperaturas y, al igual que la cardíaca, se recupera por sí misma. Cualquier cambio significativo debe tomarse muy en serio. Un caballo con un problema respiratorio crítico dispondrá de un solo latido por cada tres inspiraciones, o más. Cuando un caballo tiene dificultades para respirar, sus flancos suben y bajan con el consiguiente sobre esfuerzo.

Cómo se mide la frecuencia respiratoria

La mejor manera de hacerlo es acercando una mano cóncava a los ollares del caballo para sentir cada exhalación, o contar los movimientos de sus flancos mientras respira. Si hace mucho frío, podréis ver claramente cuándo exhala. Es bueno saber que un caballo respira cada tres latidos de su corazón y que esta proporción sigue siendo válida durante el ejercicio, pero no si el caballo está enfermo.

¿Qué más comprobar?

El apetito

Deberíais saber lo que come cada caballo. En el caso de algunos, menospreciar la comida es una clave inequívoca de que algo no marcha bien. Los que están en forma son más quisquillosos y abandonan su ración sin más, pero la mayoría de los ponis y algunos caballos son unos verdaderos glotones y el hecho de que dejen de comer demuestra que algo les pasa.

La sed

Normalmente, los caballos beben entre 20 y 45 litros de agua al día, pero estas cantidades varían en función del clima, del ejercicio al que se les somete y del grado de humedad del resto de su dieta.

El estiércol

Un exceso de deposiciones o una diarrea siempre son motivo de preocupación. De la misma manera, debéis estar atentos si veis que un caballo excreta menos de lo normal, pues podría ser indicio de una impactación o de un cólico.

A la mayoría de los caballos sanos les encanta comer

Pelo y cola rizados a causa de alguna enfermedad; bastante frecuente en animales viejos

La orina

La orina del caballo es turbia y su color va del amarillo pálido al marrón. Si al caballo le cuesta orinar o si la orina es de color rojo, debéis preocuparos.

La piel

Tiene que ser flexible y tener un pelaje brillante.

Las mucosas

Las mucosas de alrededor de los ojos y de las encías deben tener un saludable color rosado-salmón (excepto en aquellos caballos que las tienen normalmente pigmentadas). Comprobad la correcta irrigación sanguínea midiendo "el tiempo de recuperación de los capilares". Para ello, presionad un punto en las encías; veréis que ese punto palidece pero que, en cuanto quitéis esa presión, vuelve a adquirir su tono normal en unos 3 segundos. Un tiempo de recuperación superior indica algún problema circulatorio, como un estado de shock.

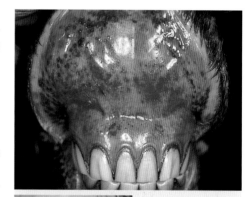

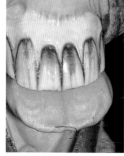

Arriba: mucosas con un exceso de riego sanguíneo, pero con una pigmentación negra normal

Estas membranas pálidas alrededor de las encías y los labios sugieren una anemia

El sudor

Si no está relacionado con el ejercicio, significa que hay algún problema. Puede que el caballo tenga dolor.

Su estado mental

Un caballo sano tiene las orejas atentas y se muestra interesado por su entorno. Un caballo apático y pasivo puede indicar alguna disfunción.

Cojeras

Suelen acusar dolor en una o más extremidades, aunque hay cojeras "mecánicas" en las que el bloqueo de alguna otra parte del cuerpo dificulta el movimiento de la/s misma/s. Un caballo muy cojo no podrá apoyar su peso en la pata afectada; las cojeras sutiles son mucho más difíciles de apreciar.

Cómo evaluar una cojera

❑ Pedid a alguien que haga andar y trotar al caballo de espaldas a vosotros y después de cara, con la ayuda de un ramal largo que no constriña la cabeza del caballo, para observar sus movimientos.

❑ Cualquier cojera es más evidente al trote; un caballo cojo levanta la cabeza cuando la extremidad afectada recibe en el suelo y vuelve a bajarla cuando la eleva.

❑ Las cojeras de las extremidades posteriores son

Ejemplo de una cojera no relacionada con el peso. Este poni no puede apoyar la mano derecha e intenta avanzar levantando las extremidades del mismo lado a la vez

más difíciles de detectar, pero se ven mejor desde atrás, cuando el caballo se aleja al trote. El lado de la cadera de la pata afectada sube y baja más bruscamente porque el caballo intenta evitar el peso en esa extremidad.

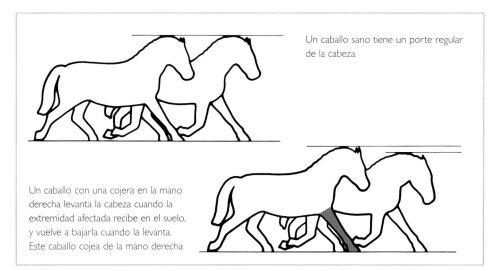

Un caballo sano tiene un porte regular de la cabeza

Un caballo con una cojera en la mano derecha levanta la cabeza cuando la extremidad afectada recibe en el suelo, y vuelve a bajarla cuando la levanta. Este caballo cojea de la mano derecha

El botiquín de primeros auxilios

El botiquín de viaje

I Un termómetro digital

2 Un buen antiséptico
Como Hibiscrub® (clorhexidina) o povidona yodada.

3 Un gel para las heridas
Puede servir para limpiarlas o cubrirlas con cierto grosor. Es una opción mucho mejor que los polvos o cremas existentes en el mercado. Algunas marcas adecuadas son:
- Vetalintex®, ungüento fabricado por Robinsons y disponible en tubos de 25 g;
- Derma Gel®, envasado en tubos de 100ml similares a los de las pastas de dientes, fabricado por Maximilian Zenho & Co y distribuido por Equine America;
- Otras marcas como Nu-gel® o IntraSite® gel.

4 Un rollo de algodón
Al menos un rollo, para aplicar una cataplasma o limpiar una herida. Si ocupa demasiado espacio, podéis recurrir a las toallitas antisépticas.

5 Cataplasmas y vendajes
Son un buen recurso a añadir:
- Apósitos no adhesivos para aplicar sobre las heridas, como Melonin® o Rondopad®, disponibles en varios tamaños;
- Vendajes elásticos como Vetrap®, u otros más baratos que son gasas que hay que fijar, como Kband®;
- Vendas autoadhesivas como Elastoplast®; una alternativa más económica consiste en usar 5 cm –o 10 cm– de una venda tubular y fijarla con otra adhesiva que la mantenga en su lugar;
- Algodón gasado (Gamgee): un recorte es muy útil como compresa para presionar una herida;

- Animalintex® es una cataplasma ya preparada;
- Un trapo limpio y acolchado para cubrir el gel de la herida, antes de vendarla. El algodón o el Gamgee también pueden servir para este fin.

6 Unas tijeras curvas

7 Una linterna de bolsillo

8 Una bolsa de gel frío
Es algo muy práctico a incluir como medida de primeros auxilios. Hay algunas especialmente diseñadas para aplicarlas a los tendones del caballo, y otras para las personas.

9 Un bol o barreño limpios
Para diluir algunos antisépticos o para lavar las heridas.

10 Un escarbacascos
Para las típicas ocasiones en las que una piedra se atranca en la suela del casco.

Y por descontado: una lista con los principales números de teléfono, papel y lápiz para tomar notas y los documentos relativos a vuestra póliza de seguros os serán de mucha utilidad en caso de emergencia.

Una de recambio
Siempre que salgáis, llevad una cabezada (a poder ser, una ajustable, que se adapta a cualquier talla) y un ramal de repuesto, por si tuvierais que coger a un caballo que se ha escapado (ver p. 123).

Otros materiales útiles

11 Unas pinzas

Para extraer espinas o astillas.

12 Una linterna grande

13 Varias vendas de repuesto

Siempre son muy útiles.

14 Tenazas y alicates para cortar alambres

Por si un caballo quedara atrapado en una alambrada.

15 Pinceles impregnados en una solución antiséptica

Para limpiar heridas, como los de E-Z Scrub®.

16 Paños limpios o un rollo de papel de cocina

17 Un cordel de los de las balas de forraje y una cuerda fina

18 Vaselina

Resulta muy útil para lubricar el termómetro, proteger la piel de los cuartos traseros en caso de diarrea o cubrir una herida que supura.

19 Equipo de herraje

Sólo hay que usarlo para una emergencia; en cualquier otro caso, mejor avisar al herrador.

20 Pañales desechables

Los pañales de un solo uso van muy bien para vendar los pies del caballo; el volumen de un casco es similar al del culito de un bebé, de modo que un pañal sirve perfectamente para cubrirlo como protección en caso de emergencia.

A esta lista se podrían añadir muchas otras cosas; sin embargo, cualquier persona que tuviera estos elementos a mano y en perfectas condiciones podría hacer frente a la mayoría de emergencias. Vale la pena llevar algunos **suplementos especiales, como el salvado** para añadirlos a la ración de un caballo que sufre un cólico o que se ve repentinamente forzado a permanecer en un box. La **sal común** o el **bicarbonato** también se usan como suplementos alimenticios en casos de urgencia. Un poco de sal disuelta en agua puede servir para lavar una herida si no se dispone de ningún otro antiséptico. Se pueden incluir algunas **bolsitas de**

Reponed lo que uséis

Acordaos de sustituir todo lo que hayáis usado ¡y de añadir todo aquello que os hubiera gustado tener a mano cuando tuvisteis la última emergencia!

desinfectante suave por si necesitarais esterilizar un pequeño espacio o poner en remojo el comedero de un caballo aislado por contagio.

Siempre es una tentación incluir algunos medicamentos como analgésicos o antibióticos en el botiquín de primeros auxilios. Sin embargo, es preferible consultar con el veterinario a arriesgarse a dar un tratamiento inadecuado.

Vendajes

Saber cuándo y cómo aplicar un vendaje es fundamental, pues ocupa una parte ineludible en la lista de los primeros auxilios para el caballo.

En un caso de emergencia, el aspecto final del vendaje no es lo más fundamental; lo importante es que no esté demasiado apretado y que proteja la herida. Un vendaje demasiado ceñido puede dañar la piel y los tejidos, especialmente si se deja puesto durante más de dos horas. El caballo no mostrará ningún signo de incomodidad porque el vendaje le oprima excesivamente, así que aseguraos de que:

❑ la zona de la herida esté protegida;

❑ el vendaje parece confortable y está bien sujeto;

❑ no ejerce presión sobre los tendones;

❑ no oprime ninguna articulación opuesta a las prominencias óseas, como las rodillas o los corvejones. Éstas deberán estar protegidas por un tejido mullido, o la venda que lo sujete provocará llagas;

❑ la extremidad opuesta, especialmente en caballos muy cojos y/o corpulentos, también está vendada para compensar el sobrepeso.

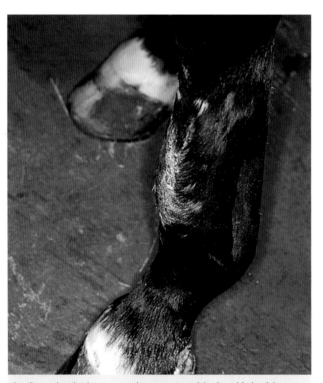

Las llagas cicatrizadas, provocadas por un vendaje descuidado, dejan estas horribles marcas

Objetivos del vendaje:

❑ cubrir heridas para controlar hemorragias e hinchazones;

❑ proteger la herida de otros traumas;

❑ mantenerla limpia hasta que se cure;

❑ mantener una cataplasma en su sitio;

❑ limitar el movimiento y aliviar el dolor.

Componentes del vendaje

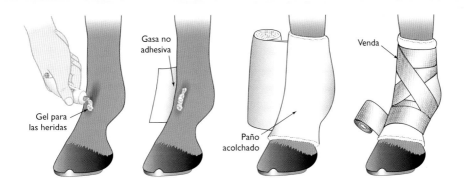

Gel para las heridas

Gasa no adhesiva

Paño acolchado

Venda

Un vendaje consiste en tres capas, comúnmente conocidas como la primera, la segunda y la tercera capas.

La primera capa

Normalmente es una gasa no adhesiva –por ejemplo, Melonin® o Rondopad®– que se cubre después con un tejido de algodón acolchado como el Softband®. En una cura de urgencia, aplicad un gel adecuado en la lesión y después una gasa que se pegará al ungüento mientras efectuáis el vendaje. Hay otros tipos de gasa especialmente diseñados para ser aplicados directamente sobre la herida, pero la mayoría son muy caras. Según el tipo de herida, vuestro veterinario os dirá qué tipo necesitáis.

La segunda capa

Consiste en un paño que protege la herida, absorbe los fluidos y controla las hinchazones. La gente tiene tendencia a escatimar u olvidar esta segunda capa, arriesgándose a sufrir desastrosas consecuencias. Una compresa inadecuada y un vendaje demasiado apretado pueden provocar inflamaciones localizadas, llagas y, a largo plazo, cicatrices que se cubrirán de pelos blancos. Como segunda capa, pueden usarse varios materiales; el algodón es uno de los más baratos y de los que funcionan mejor, porque se adapta muy

bien a la forma de las extremidades del caballo.

La tercera capa

Es la que asegura el vendaje y ayuda a mantener la gasa en su lugar, a la vez que proporciona al caballo una protección extra y un punto de apoyo más fuerte. Normalmente, se usan unas vendas elásticas y autoadhesivas, como las Vetrap®, o unas tubulares como las Kband®; ambas aseguradas con Elastoplast®. Esta tercera capa no debe sobrepasar los bordes de la compresa que aseguran para no provocar llagas ni rozaduras; este aspecto es particularmente importante en el caso de los cascos porque las partes alta y baja de los menudillos son muy propensos a sufrir este tipo de traumas. Sin embargo, en otras partes como los corvejones o las rodillas, la única manera de evitar que el vendaje se deslice es permitir que la venda adhesiva se pegue a la piel.

Un caballo herido puede estar nervioso y asustado, y vendarle sin sedarle un poco puede resultar muy peligroso; puede que no podáis más que presionar la herida con un paño para detener la hemorragia. No os empeñéis en ponerle un vendaje que el veterinario tendrá que retirar en cuanto llegue.

Aplicaciones prácticas

Vendaje de corvejones

A algunos caballos no les gusta sentirse inmovilizados, especialmente en los corvejones, y cuando ven que no los pueden mover, se asuntan y cocean violentamente. La punta del corvejón es bastante difícil de vendar; incluso si el caballo se está quieto. Es muy importante proteger las zonas más vulnerables (en este caso las partes delantera y trasera) para reducir la presión sobre la punta del corvejón.

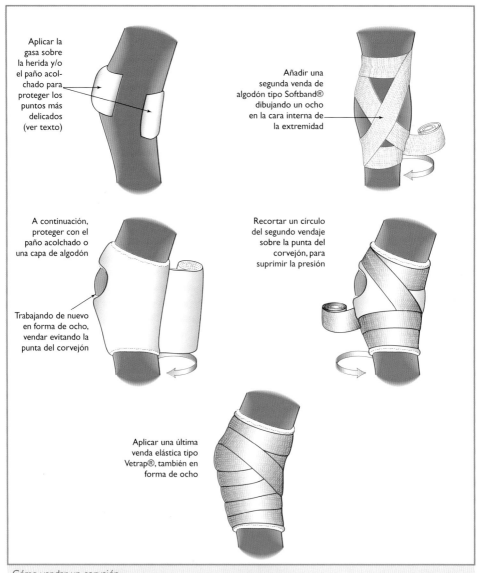

Aplicar la gasa sobre la herida y/o el paño acolchado para proteger los puntos más delicados (ver texto)

Añadir una segunda venda de algodón tipo Softband® dibujando un ocho en la cara interna de la extremidad

A continuación, proteger con el paño acolchado o una capa de algodón

Trabajando de nuevo en forma de ocho, vendar evitando la punta del corvejón

Recortar un círculo del segundo vendaje sobre la punta del corvejón, para suprimir la presión

Aplicar una última venda elástica tipo Vetrap®, también en forma de ocho

Cómo vendar un corvejón

Vendaje de corvejones y rodillas

En estos puntos, los vendajes tienen tendencia a deslizarse y caer, por lo que es recomendable extender el vendaje hasta más abajo. Si tenéis que cambiar el vendaje de estas zonas varias veces, el veterinario puede proporcionaros una especie de medias (las llamadas vendas Pressage®) especialmente diseñadas para rodillas y corvejones, que mantendrán el vendaje en su lugar.

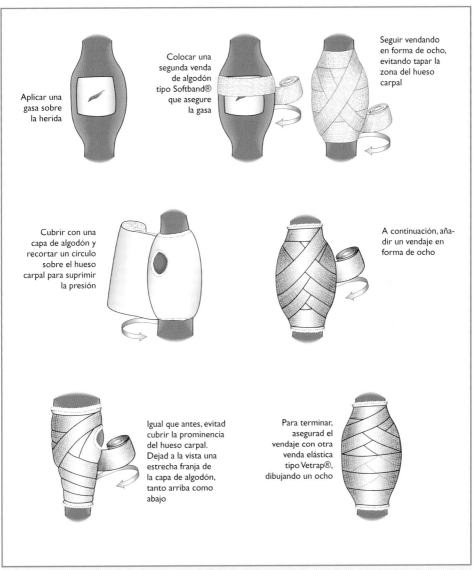

Aplicar una gasa sobre la herida

Colocar una segunda venda de algodón tipo Softband® que asegure la gasa

Seguir vendando en forma de ocho, evitando tapar la zona del hueso carpal

Cubrir con una capa de algodón y recortar un círculo sobre el hueso carpal para suprimir la presión

A continuación, añadir un vendaje en forma de ocho

Igual que antes, evitad cubrir la prominencia del hueso carpal. Dejad a la vista una estrecha franja de la capa de algodón, tanto arriba como abajo

Para terminar, asegurad el vendaje con otra venda elástica tipo Vetrap®, dibujando un ocho

Cómo vendar una rodilla

Vendaje de los pies

Este vendaje es mucho más fácil de poner pero, como el caballo va a pisarlo continuamente, por fuerza habrá que cambiarlo al menos una vez al día. En un caso de emergencia, un pañal recubierto por una venda adhesiva (ver ilustraciones) os funcionará de maravilla. Si necesitáis aplicar una cataplasma, podéis colocarla debajo del pañal. Un recorte de papel de aluminio sobre la cataplasma, ayudará a mantener el calor. Existen unas botas para contener las cataplasmas que resultan muy útiles para caballos estabulados o difíciles de vendar. Para aquellas cataplasmas que haya que mantener durante un tiempo, el herrador os facilitará unos "zapatos" especiales.

Recortar la cataplasma del tamaño adecuado

Limpiad el pie del caballo. Sumergir la cataplasma durante el tiempo indicado y escurrirla hasta eliminar el exceso de agua. Alojarla en la suela con el lado plastificado al exterior

Proteger el pie y la cuartilla con un trapo acolchado y vendar con Vetrap®

Entrecruzar varias vendas impermeables en toda la base del casco para proteger el vendaje de la humedad

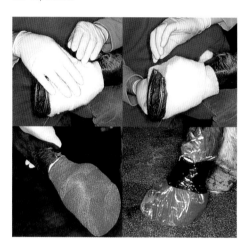

Cómo vendar un pie, arriba e izquierda

Vendaje de los menudillos

Estas articulaciones son fáciles de vendar: proceded como hemos explicado anteriormente. Aplicad una abundante capa de tejido acolchado y no apretar demasiado las partes delantera y trasera de la articulación para evitar las llagas.

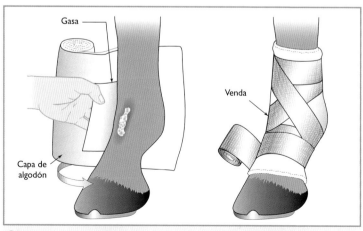

Gasa

Venda

Capa de algodón

Cómo vendar un menudillo

El vendaje Robert Jones

Es un vendaje muy elaborado, compuesto por muchas capas de algodón. Su función es aportar solidez y rigidez sin ninguna presión y:

- ❑ facilitar el apoyo de la extremidad;
- ❑ controlar un edema;
- ❑ estabilizar una fractura;
- ❑ proteger los tejidos blandos.

Vendar toda una extremidad con el vendaje Robert Jones (RJB) requiere 2 ó 3 rollos de algodón de kilo y otros 8 ó 10 de vendas. En los anteriores el vendaje llega desde el suelo hasta la punta del codo, y en los posteriores, desde el suelo hasta la parte más alta del corvejón. El vendaje acabado deberá ser un cilindro tubular uniforme que, si se golpea ligeramente, suena como un melón maduro. Aplicarlo requiere cierta habilidad, así que, ¡dejad esta tarea para el veterinario!

El vendaje RJB proporciona un soporte a la extremidad pero, si existe una fractura, habrá que efectuar un entablillado para aumentar la rigidez del vendaje. Lo ideal es inmovilizar las articulaciones superior e inferior de la fractura. En un caso de emergencia, se pueden usar varios materiales para improvisar, como el mango de una escoba, un pedazo de madera (de 45 x 20 mm), una lima de herrador o una tubería de plástico (de 112 mm de diámetro). Un correcto entablillado exige conocimientos de la anatomía de las extremidades y de las fracturas, así que estamos ante otra tarea para el veterinario.

Aplicar correctamente el vendaje Robert Jones requiere cierta destreza y práctica. ¡Es una tarea para el veterinario!

Convalecencia en el box

Un caballo puede verse obligado a permanecer en su box durante un intervalo de descanso forzoso por una convalecencia debida a diversas causas, como una laminitis o un período postoperatorio. Por poner un ejemplo, tras una intervención de cólico el ejercicio rutinario del caballo debe ser severamente restringido –sólo podrá estar en la cuadra y andar un poco a la mano– durante al menos 4 semanas en la mayoría de los casos, para propiciar la curación de la herida abdominal. Pasado este tiempo, podrá salir a un pequeño paddock durante otras 4-8 semanas. Manejar a un caballo en convalecencia en el box requiere algunos cuidados especiales.

Este caballo tiene una fractura en el radio y lleva muchas semanas de convalecencia en su box. Está atado para que no se eche, tiene una cama mínima para que no tropiece y una red de heno con agujeros pequeños para que pueda distraerse un poco. Idealmente, la mano izquierda también debería llevar un vendaje de soporte.

Qué hay que vigilar

Cuando un caballo debe permanecer en el box durante un período largo de tiempo, hay que adaptar la rutina de los establos para ayudarle a sobrellevar sus restricciones; estará aburrido, deberá adaptarse a una modificación de su dieta, puede que su temperamento cambie (a peor), será más propenso a padecer complicaciones físicas como un cólico… Todos estos trastornos son previsibles y necesitan un plan.

El aburrimiento

El encierro puede dar lugar a alteraciones del comportamiento: algunos pacientes con prótesis ortopédicas necesitarán largos períodos de convalecencia en el box y, como no se sentirán enfermos ni doloridos, se deprimirán. Los caballos que se lastiman durante una competición son particularmente problemáticos, pues están bien alimentados y acostumbrados a la actividad. Hay algunas cosas que pueden ayudarles, como tener siempre forraje a disposición, algunos juguetes en la cuadra, una radio o algún animal que les haga compañía, como una gallina o una oveja. La elección de la cuadra también puede afectar a su estrés: mientras que algunos se distraen observando todo lo que ocurre a su alrededor, otros lo encuentran frustante. Los que dejan parte de la ración o se niegan a comer son los más propensos a desarrollar comportamientos anormales –antes llamados vicios; ahora comportamientos esteriotipados– como apoyarse, tragar aire o el tic del oso.

La dieta

Si va a tener que estar encerrado y privado de ejercicio, habrá que suprimir los ingredientes más energéticos de su ración. Hay que cambiar a una dieta a base de forraje que le obligue a masticar mucho: eso le mantendrá ocupado. El heno o la paja cuestan más de comer, por lo que son más adecuados que otros ensilados. Repartir la ración en varias tomas al día ayuda.

Extremar las precauciones durante el manejo

Hay que estar muy atento a las reacciones del caballo. Incluso los que normalmente son muy pacíficos pueden volverse irascibles cuando llevan varios días "en la cárcel". A la mímima sospecha acerca de su comportamiento, colocadles una brida o un bocado, y poneos guantes.

Los cólicos

Siempre son un mayor riesgo para los caballos estabulados. Sacarles a pastar de la mano, si el tratamiento veterinario lo permite, puede ayudar a evitarlos. Entre los muchos factores que aumentan el riesgo de cólico en los caballos estabulados, están:

❑ Algunos tratamientos veterinarios, especialmente los anestésicos, que reducen la movilidad de los intestinos.

❑ El dolor y la falta de ejercicio también disminuyen la actividad intestinal.

❑ El cambio en la dieta habitual y la exclusión repentina del pasto predisponen al caballo a sufrir impactaciones (estreñimiento). Contad el número de deposiciones diarias; si observáis que se reduce, ofreced al caballo un mash laxante a base de salvado. Un único mash ayuda a hacer la transición de la dieta habitual a la de convalecencia.

Otros problemas

❑ Un caballo estabulado a causa de una cojera grave es vulnerable a otras lesiones, como la distensión en un tendón o una laminitis, como resultado del sobrepeso en las demás extremidades.

❑ Todas las extremidades deben ser examinadas a diario en busca de indicios como calor, pulso digital o magulladuras en las suelas. Una cama abundante animará al caballo a echarse y minimizará todos estos peligros. Para pacientes de alto riesgo, el veterinario puede recomendar proteger las ranillas con un vendaje muy acolchado, que deberá renovarse cada día para evitar roces y eliminar la viruta que haya podido alojarse dentro.

❑ Lo que pueda o no pueda comer dependerá del consejo del veterinario y de lo que le ocurra al caballo. Algunos animales necesitan suplementos para curarse antes. Paradójicamente, los caballos que no pueden salir en absoluto suelen ser más fáciles de manejar que los que prueban un bocadito de libertad cada vez que salen a pasear de la mano.

El salvado

Muchos propietarios piensan que el salvado no es apropiado, pero la verdad es que tiene algunas ventajas para los caballos estabulados:

Ventajas

1 El salvado de calidad contiene mucha agua y ayuda a rehidratar a un caballo enfermo.

2 Es un laxante efectivo.

3 Al transitar por los intestinos con bastante rapidez, combate las intoxicaciones de un modo natural y favorece la recuperación de muchos caballos con laminitis o cólicos.

4 Contiene algunos valiosos minerales, como selenio, magnesio y zinc.

5 Es un buen aliado para disfrazar los medicamentos que se dan al caballo enfermo.

Desventajas

1 Es bajo en calcio y alto en fósforo, o sea, lo contrario de lo que el caballo necesita; sin embargo, una única ración no va a perjudicarle.

2 La fibra del salvado incluye una relativamente alta proporción de lignina.

3 Los copos de salvado, especialmente los grandes, que son más nutritivos, son bastante caros.

Situaciones de emergencia

Colapso

Si un caballo está echado en el suelo –o reclinado– y es incapaz de levantarse, es que algo le pasa. Cualquier caballo que está en el suelo, descansando, no tiene ningún problema para levantarse a menos que esté atrapado; en otras palabras, se levanta por su propio pie a menos que alguna circunstancia externa se lo impida, como por ejemplo que se haya estado revolcando en el box y haya quedado arrinconado contra las paredes o bajo el comedero (ver p. 114).

Otra emergencia alarmante se da cuando un caballo se desploma de repente; algunos caballos pueden tropezar y caer, pero otros simplemente se desmayan. Éste es un caso particularmente peligroso para caballo y jinete y debe consultarse con el veterinario. Si el animal no se levanta rápidamente, es una emergencia veterinaria, y cuánto más tiempo permanezca en ese

Este caballo padece botulismo y es incapaz de tenerse en pie. Un primer auxilio puede consistir en colocarle una toalla bajo la cabeza, para proteger el otro ojo

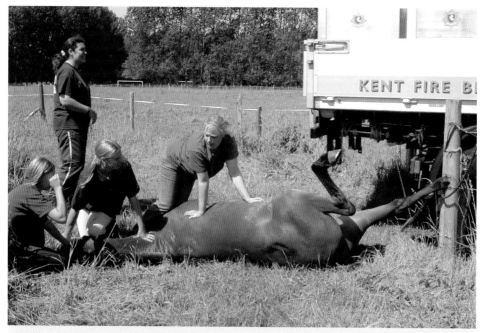

Este caballo ha sido anestesiado para poder ser transportado por los bomberos. Se había atrapado un pie entre los alambres de la valla y el poste adyacente

estado, peores pueden ser las consecuencias. Haceos las preguntas de esta lista:

¿Respira?

Existe la triste posibilidad de que el caballo esté muerto. Eso suena estúpidamente obvio, pero si de repente veis un caballo así en el campo, puede que no os lo parezca tanto. Si no estáis seguros, ver si reacciona cuando le tocáis un ojo. Si es así, comprobad las vías de ventilación (boca y ollares), sus frecuencias respiratoria y cardíaca y, si es necesario, buscad ayuda.

¿Tiene alguna herida grave, en alguna de sus extremidades, que le impida levantarse?

Resulta difícil apreciar la fractura de una pata encogida en el lado del que está tumbado, y más todavía si se trata de la espalda.

¿Hay alguna señal de malestar, como un cólico o una infosura, por la que no quiera levantarse?

Si es el caso, con un poco de ayuda y algo de persuasión, no tardará en ponerse en pie.

Si es una yegua, ¿puede que vaya a dar a luz? Si el caballo está enfermo y no reacciona,

puede que su cerebro haya sufrido alguna lesión. En algunos países, puede acusar también algunas enfermedades como la rabia o la "Fiebre del Nilo"; en nuestro país es más probable que se haya golpeado la cabeza, que sufra una infección como el herpes equino o alguna otra enfermedad poco corriente como el botulismo (ver fotografía en la página anterior).

¿Hay algún obstáculo físico que le impida ponerse en pie?

Puede que necesitéis la ayuda del veterinario o de la brigada de rescate de animales del departamento de bomberos. Una cosa importante que debéis comunicarles, es si el caballo tenía un comportamiento normal antes de desplomarse. Por ejemplo, si cuando se desmayó tenía la temperatura muy alta, puede que se trate de una infección; si iba galopando por el campo y cayó de repente, puede tratarse de un accidente. Todo esto parece muy evidente cuando uno lo escribe, pero cuando la situación se da repentinamente uno está demasiado nervioso para pensar con claridad.

Caso clínico: una yegua que no podía levantarse

Un veterinario atendió la llamada de urgencia de una señora que decía haber encontrado a su querida yegua de 25 años colapsada, en el suelo. ¡No conseguía hacerla levantar y creía que se estaba muriendo!. El veterinario citó a la angustiada propietaria en la entrada del campo y condujo hasta vislumbrar a la yegua a la luz de los faros, bajo la lluvia. Estaba tumbada sobre uno de sus costados e inmóvil, en una pronunciada pendiente, con las patas hacia arriba, empapada y con la manta enredada entre las extremidades. El médico la examinó y comprobó que tenía unos reflejos y temperatura normales, y que no había ninguna evidencia de dolor en ninguna parte.

Con alguna dificultad, cortó la manta y, gracias a la inclinación del suelo, consiguió sacársela de debajo del cuerpo; le puso una toalla bajo la cabeza para reclinar y proteger su otro ojo y después, con la ayuda de dos personas robustas tirando de las crines y otra empujando su tercio posterior, consiguió hacerla rodar por la cuesta. Todo el mundo tuvo mucho cuidado con alejarse prudentemente de los posteriores por si la yegua coceaba. Una vez fuera del margen, pudo extender las manos frente a ella, sacudir su cabeza y cuello para tomar impulso y desentumecer sus posteriores y, con el veterinario tirándole de la cola, consiguió ponerse en pie.

Algunas veces se usan cuerdas para voltear o hacer mover a los caballos, pero debe hacerse con muchísimo cuidado para que no las pise cuando se levanta o mientras se le retiran una vez lo ha conseguido. En este caso, el examen previo de la yegua confirmó que no existía ningún problema físico; sencillamente estaba demasiado gorda, tenía algo de artritis, se quedó encallada y no supo cómo salir del trance. Se la trasladó a otro campo sin pendientes y con menos hierba, por lo que perdió peso y nunca más tuvo este problema.

Shock

El shock es la respuesta corporal frente a un trauma, pérdida de sangre, deshidratación, dolor o infección. Es un estado que puede provocar un rápido deterioro en un caballo enfermo. Se trata de reacción física, que no mental: los animales, incluidos los caballos, no tienen capacidad de razonar frente a lo que les alarma, así que pueden sentirse aterrorizados por cosas que las personas podemos analizar, entender, y así evitar el miedo. El shock es una enfermedad potencialmente peligrosa para el caballo.

Los síntomas del shock son:
- ❏ convulsiones y escalofríos;
- ❏ respiración acelerada;
- ❏ pulso débil;
- ❏ membranas mucosas pálidas o azuladas;
- ❏ extremidades frías; en el caso del caballo, la temperatura de las orejas es un buen indicativo.

Todos estos síntomas son resultado de un ralentizamiento de la circulación sanguínea. Algunas reacciones

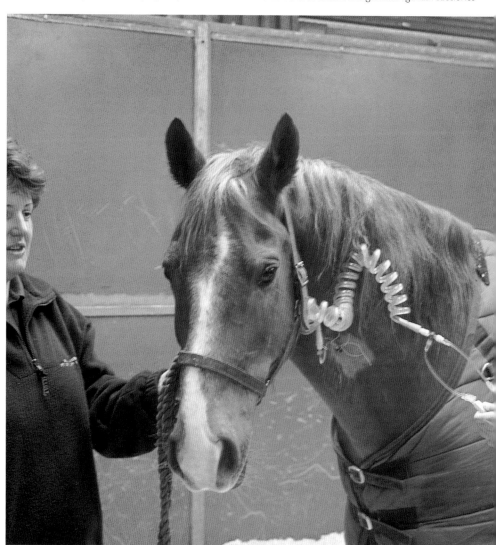

corporales resultan contraproducentes y, en el caso del shock, los daños se tornan crónicos y desastrosos. El shock suele ser el detonante de la muerte de un caballo con un cólico, resultante del dolor, el miedo y la expansión bacteriana descontrolada de un intestino retorcido.

Un caballo en estado de shock es una emergencia evidente, y está perfectamente justificado que llaméis inmediatamente al veterinario.

A este caballo se le están administrando fluidos por vía intravenosa, tras una intervención de cólico, para prevenir el estado de shock

Qué hacer mientras se espera al veterinario:

❑ Hablar e intentar tranquilizar al caballo puede ayudarle enormemente. Si no va a necesitar anestesia, la comida puede reconfortarle; una red de heno puede ser un calmante muy efectivo.

❑ Si está destemplado, ponedle una manta y vendadle las patas con vendas de descanso. Si es un potrillo, un jersey o anorak puede servir, ¡con las mangas atadas delante de su pecho! Instalad al caballo en un box bien ventilado y dejad la batiente superior de la puerta abierta para evitar que se cargue el ambiente.

❑ Aseguraos de que tenga agua para beber, pues el shock se asocia frecuentemente con la deshidratación.

❑ Intentad averiguar la causa del shock –puede que tenga una herida– y remediarla. Si lográis parar una hemorragia y controlar el dolor, el caballo mejorará rápidamente.

Qué hará el veterinario:

❑ El tratamiento de un shock depende en gran medida de la causa que lo haya originado. Muchos caballos con un cólico severo acaban en un estado de shock; es ese caso, se tratará el cólico en primer lugar. Si lo causó una infección, habrá que administrar algún antibiótico y otros medicamentos. Si el caballo sufre una hemorragia, habrá que detenerla y dar con el motivo.

❑ El tratamiento de soporte de un shock incluye la administración de fluidos. Si el caballo no puede beber, hay que suministrarle un importante volumen de fluidos esterilizados (de 40 a 80 litros) por vía intravenosa, para combatir el shock y evitar la deshidratación. En muchos casos, este tratamiento intensivo requiere la hospitalización del caballo.

Heridas

Normalmente, las heridas son el resultado del instinto natural del caballo de escapar a toda prisa de un peligro; otras, ocurren cuando el caballo queda enredado en los hilos de las vallas o es coceado por un compañero. Las heridas de la piel pueden ir de un simple corte o pinchazo a un desgarro, pero, sea cual sea su tamaño, recordad que cualquier herida cicatriza de un borde a otro, y no de un extremo al otro; por lo que un alarmante boquete suele cicatrizar sorprendentemente bien.

Los tres pasos básicos de los primeros auxilios son:

1 Detener la hemorragia

2 Lavar

3 Tapar

Primeros auxilios para heridas

1 Detener la hemorragia

Los coágulos son necesarios para detener una hemorragia y poder curar una herida. Una razonable pérdida de sangre contribuye a eliminar la suciedad de la herida, pero una hemorragia efusiva tiene que ser controlada. Sea como sea, recordad que la sangre es siempre muy alarmante (¡pensad en el lío que se forma cuando una taza de café cae al suelo!). Un caballo fornido puede perder hasta 10 ó 15 litros de sangre sin que ello represente un gran riesgo.

❑ Improvisar una compresa

Una arteria principal arrojando grandes chorros de sangre de un rojo vivo, o una vena emanando sangre de un rojo oscuro resultan muy impresionantes. En cualquiera de estos casos, hay que detener la hemorragia presionando firmemente la herida. Improvisad una compresa con varios paños o utilizad el algodón gasado (Gamgee) del botiquín de primeros auxilios, pero no apliquéis nunca una superficie adhesiva. En un caso de emergencia, usad lo que tengáis a mano (una camiseta, un pañuelo grande o una toalla). Poned esa compresa sobre la herida y presionadla con fuerza. Si podéis, pegadla firmemente para mantenerla en su lugar.

❑ Presionar la compresa

La mayoría de este tipo de heridas se dan en la parte inferior de las extremidades y la presión sobre esa área consigue controlar la pérdida de sangre. Si la sangre empapa la compresa, sencillamente añadid más capas de tejido y seguid presionando. Tenéis que mantenerla ahí durante, al menos, 5 minutos: no intentéis reemplazar una compresa por otra porque sólo conseguiríais reactivar la hemorragia. Este procedimiento es mucho mejor que aplicar un torniquete.

❑ Adoptar una actitud tranquilizadora

Mientras ejercéis presión sobre la compresa, hablad al caballo o poni suavemente, para calmarle y persuadirle para que se esté quieto. Si un caballo está excitado, su corazón late más deprisa y el riego sanguíneo aumenta. Tranquilizándole, ralentizaréis el flujo y la sangre se coagulará antes.

❑ Fijar un vendaje compresivo

En cuanto hayáis aplicado un vendaje firme pero confortable que controle la hemorragia, dejadlo actuar durante al menos dos horas. Si el caballo ha sufrido más de una herida, concentraos en subsanar la principal; después podréis dedicaros a las demás.

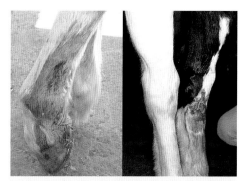

Izquierda: herida antes de ser limpiada
Derecha: herida próxima a la articulación del corvejón

2 Lavar

Lavar una herida es importante, pero una limpieza exhaustiva puede favorecer una infección o reactivar la hemorragia. El primer lavado de la herida es definitivo para su curación, así que hay que eliminar toda la suciedad y/o cuerpos extraños que pueda albergar.

❑ "Regad" suavemente la herida o lavadla con una correcta disolución antiséptica como la clorhexidina (Hibiscrub®).

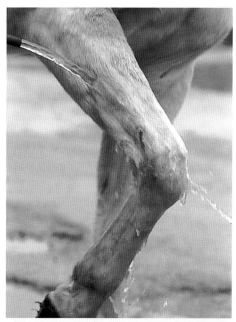

Cómo lavar una herida

❑ En una emergencia, usad agua. Si os preocupa la infección, hervid unos 500 ml y añadidle una cucharadita de sal.

❑ Para lavar heridas en caso de emergencia, podéis incluir unas bolsitas de esta disolución salina a vuestro botiquín de primeros auxilios.

❑ También podéis usar algunas toallitas como las que se venden para los bebés.

❑ Cómo hay que proceder

El modo en que debéis proceder, dependerá de la gravedad de la herida.

❑ Si la herida parece muy grave, avisad inmediatamente al veterinario.

❑ Si no parece tan seria, lavadla e intentad descubrir qué ha ocurrido exactamente; de este modo, podréis dar al veterinario una información más detallada.

❑ Si vais a tocar la herida, lavaos concienzudamente las manos.

❑ Una vez hayáis lavado y eliminado los restos de sangre, veréis que la herida no es tan grave como sospechabais.

❑ Rellenad la herida con un gel adecuado, como IntraSite®, Dermagel® o Vetalintex®; eso la mantendrá hidratada y limpia, y propiciará su curación.

❑ Después, recortad los pelos alrededor de la herida para poder percibir el alcance exacto de la misma y evitar que la contaminen.

❑ A partir de ahí, las dos cosas que cabe valorar son la ubicación anatómica de la herida y el aspecto general del caballo.

❑ La ubicación de la herida

Si la herida se encuentra en un punto vital de la estructura del caballo, como una articulación o uno de los tendones de detrás de las cuartillas (ver p. 34), tomad precauciones. Una herida superficial que alcance una estructura vital puede invalidar al caballo si no se trata a fondo desde el primer momento.

❑ Los huesos de las extremidades del caballo apenas están cubiertos por músculos, por lo que son muy frágiles.

❏ Si podéis ver un tejido blanco a través de la herida, puede tratarse de un tendón, un ligamento o un hueso y debéis avisar inmediatamente al veterinario.

❏ ¿Se ha herido en la cara? La mayoría de las heridas oculares requieren una intervención quirúrgica, pero otras muchas de la cabeza sólo requieren unos puntos de sutura. Si el daño en la cabeza es muy serio, el veterinario comprobará si ha repercutido en el sistema nervioso.

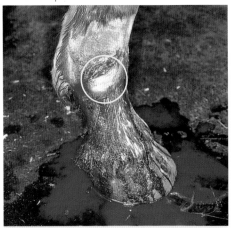

Ubicación peligrosa: herida en el menudillo

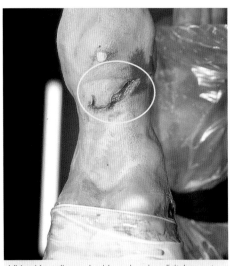

Ubicación peligrosa: herida en la vaina digital, en este caso se ha esquilado, limpiado, y protegido el pie antes de iniciar la cirugía

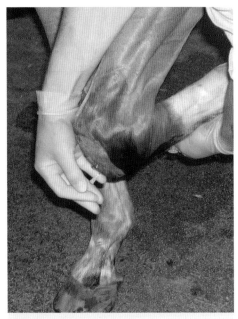

El veterinario comprueba si hay infección en la articulación de la rodilla, tomando una muestra del líquido sinovial

❏ **El aspecto general del caballo**

Si el caballo está más cojo o más agitado de lo que cabría esperar a juzgar por la herida, posiblemente le ocurra algo más grave. Puede que se haya fracturado un hueso o dañado una articulación y en esos casos, de nuevo la presencia del veterinario es ineludible.

3 Tapar

Hay una tendencia a hacer más de lo necesario y a aplicar ungüentos y polvos sobre las heridas que pueden interferir en su posterior recuperación. Si no lo véis claro, no las manipuléis en absoluto. La mayoría de heridas se infligen en la parte inferior de las extremidades, por lo que un vendaje las protege del estiércol, el barro o la cama y las mantiene calientes y limpias; todo ello contribuye positivamente a su curación. Usad una gasa estéril y no adherente, como por ejemplo Melodin®, para mantener el gel de heridas en su lugar, y vendad como de costumbre (ver p. 20). A menudo, muchas de las heridas en la parte superior del cuerpo no se pueden vendar, pero deben mantenerse lo más limpias posible.

Tipos de heridas

Las más preocupantes son las laceraciones, punciones y las que alojan un cuerpo extraño.

❑ Laceraciones

Son un importante desgarro de la piel en cualquier dirección, y un tipo de herida frecuente en los caballos. Los vasos sanguíneos tienden a contraerse, por lo que las hemorragias raramente son un problema, mientras que los tejidos resultan rasgados y magullados. Hasta que no se hayan identificado todas las estructuras implicadas, no se determinará el tratamiento adecuado. Esto significa que el veterinario invertirá bastante tiempo en limpiar y preparar la herida antes de decidir si puede repararla inmediatamente o si va a necesitar una intervención quirúrgica. Las laceraciones que suelen requerir un tratamiento especial son las que afectan a:

- ❑ tendones y vainas tendinosas
- ❑ grandes heridas
- ❑ huesos
- ❑ vasos sanguíneos mayores
- ❑ banda coronaria y paredes del casco
- ❑ articulaciones

Aquellas que afectan a estructuras menos críticas se lavan, y los tejidos dañados se recortan; después se cosen y se vendan durante varios días. Otras simplemente se cosen durante un período de tiempo más largo.

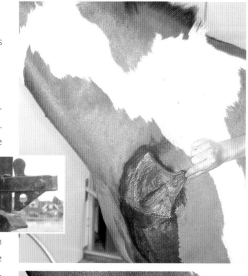

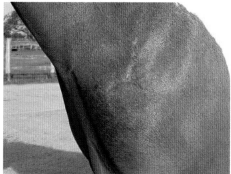

Arriba: herida en la espalda provocada por el cierre del paddock (ver fotografía adjunta). Abajo: misma herida, curada

Cuándo llamar al veterinario

Debéis llamarle en las siguientes circunstancias:
- ❑ Si una herida sangra profusamente.
- ❑ Si el caballo está muy cojo, aunque la herida no parezca gran cosa.
- ❑ Si la herida mide más de 6 cm y es muy profunda.
- ❑ Si sospecháis que puede alojar algún cuerpo extraño.
- ❑ Si creéis que puede haber afectado a alguna estructura vital.
- ❑ Si el caballo no está vacunado contra el tétanos.

❑ Punciones

Algunas punciones son tan pequeñas que cuesta verlas; ¡algunas veces incluso se aprecia antes la consecuencia! A menudo, el primer síntoma de una punción es el sudor en la zona afectada. La infección puede propagarse rápidamente desde la herida; este hecho es bastante frecuente en el caso de las extremidades, en el que todo el miembro empieza a sudar tras la punción. Un hilillo de sangre en la capa o una costra dolorosa asociados a un sudor localizado son indicios de una punción. Algunas veces, el veterinario se verá obligado a esquilar parte del área sospechosa para detectarla.

Los puntos más vulnerables: ¡En primer lugar, localizad la punción y tened presente que una herida minúscula puede acarrear graves consecuencias! El daño que pueda causar dependerá de lo profunda que sea, lo sucia que esté y las estructuras que haya afectado. Las menos perjudiciales son las que descargan un suero de color claro o amarillo, parecido al fluido sinovial; no obstante, en caso de duda, pedid la opinión veterinaria.

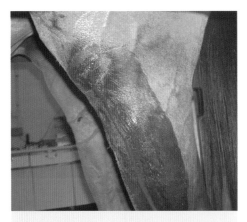

Punción en la babilla de un caballo de salto

Tratamiento de urgencia: Esquilad y limpiar la zona circundante a la punción. No la limpiéis con agua a presión ni ningún otro producto que pueda penetrar en la herida introduciendo suciedad en ella. Un gel para heridas y un vendaje limpio serán los que mejor la protejan. Tradicionalmente, se han aplicado cataplasmas a las punciones con la intención de drenar la suciedad que puedan contener; sin embargo, una cataplasma empapada más bien puede provocar una infección y resultar contraproducente. Personalmente, prefiero aplicar un vendaje limpio con gel. Las bolsas heladas y las duchas frías también pueden ser beneficiosas. Este tipo de heridas crean el entorno ideal anaeróbico (falto de oxígeno) en el que proliferan las bacterias del tétanos. Las punciones suelen pasar desapercibidas, por lo que todos los caballos y ponis deberían estar vacunados contra esta enfermedad; de no estarlo, habrá que vacunarles en el momento de la cura. Un caballo vacunado no necesita ser revacunado cada vez que se hiere.

Dar con el causante de la punción: Siempre existe el riesgo de que un cuerpo extraño haya quedado atrapado dentro. Tened mucho cuidado en no empeorar la infección hurgando dentro de la herida. Siempre que tengáis una duda consultad con el veterinario, especialmente si la herida no sana, pues podría haber alguna inflamación interna.

¿Es ciertamente una punción? Dos punciones a escasa distancia pueden ser la picadura de una serpiente; un agujero que supura pus puede ser un absceso interno que ha eclosionado. Nunca subestiméis una punción: su pequeño tamaño puede esconder una herida subcutánea más peligrosa y fatal si afecta a órganos como cerebro, corazón, abdomen o casco.

❏ **Cuerpos extraños**

Suponen uno de los grandes dilemas de los primeros auxilios. Cuando hay un cuerpo extraño alojado en una herida, en la mayoría de las ocasiones, es preferible no tocarlo hasta contar con la ayuda del veterinario, a menos que el fragmento en cuestión esté muy a la vista; muchos están fuertemente incrustados y resultan extremadamente difíciles y dolorosos de extraer. El veterinario, con ayuda de los adecuados analgésicos y sedantes, lo hará mucho mejor y determinará el alcance de la herida. Un cuerpo extraño –como por ejemplo una astilla de madera– puede partirse dentro de la herida, así que hay que inspeccionar el lugar del accidente para averiguar de qué material puede tratarse. La madera es una materia altamente peligrosa, pues una astilla puede permanecer oculta durante meses y sólo ser descubierta si la herida no sana debidamente.

Cuerpos extraños en el casco: cuando el miembro afectado es el casco o si el caballo ha pisado un clavo, lo mejor, normalmente, es sacarlo antes de que el propio peso del animal lo hunda todavía más en la herida.

Propiciar la curación

Algunas heridas requieren la protección de la vacuna del tétanos y antibióticos adecuados. Los analgésicos también pueden ayudar. Si el caballo se siente cómodo se curará antes.

Lo crítico de la situación dependerá de la zona del pie afectada (ver Laminitis, p. 40).

Heridas por contusiones: este tipo de heridas entrañan el peligro de afectar una estructura interna y el consiguiente riesgo de que un cuerpo extraño pueda alcanzar un nivel muy profundo. Pensad siempre en el alcance que pueda tener la globalidad del accidente, en vez de preocuparos únicamente por la apariencia externa de la herida en cuestión. Algunas veces, los caballos se estampan en las vallas del campo y se lastiman la zona del pecho o el muslo, pero si no se las perforan, las heridas sufridas suelen curarse bien. Aun así, deberíais llamar al veterinario urgentemente.

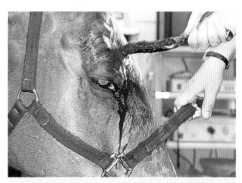

Este caballo chocó contra un árbol y se le está extrayendo la gran rama incrustada. Afortunadamente, no le dañó el cerebro por milímetros y el animal se recuperó totalmente.

¿Es necesario dar puntos?

Muchas heridas se curan perfectamente sin puntos de sutura, así que, algunas veces no son tan necesarios como la gente piensa. Éste es el caso de las extremidades, en las que el flujo de sangre suele ser escaso. Para poder ser suturadas, las heridas deben…

❑ **Ser accesibles**

Si, por ejemplo, están en la cara interna de los posteriores y el caballo cocea, no será posible realizar un buen trabajo sin la ayuda de un sedante o una anestesia general.

❑ **Estar limpias y frescas**

Si no dáis con la herida hasta el día después y los bordes de la piel se han resecado, difícilmente podrá ser suturada.

❑ **Tener la circulación sanguínea intacta**

El veterinario es la única persona que puede decidirlo, pero algunas laceraciones dentadas, especialmente si se trata de colgajos en las extremidades, no pueden remendarse bien.

❑ **Tener suficiente piel para unir los bordes de la herida sin tensarla demasiado**

Si está en una zona de gran movilidad –como la cara frontal de la rodilla, en la que una herida se mueve a cada paso que se da–, hay pocas probabilidades de que los puntos resistan. Algunas veces, el veterinario aplicará un fuerte vendaje o inmovilizará la pata para limitar su actividad.

❑ **No estar infectadas**

Una herida infectada no sana fácilmente. Las que han sufrido una fuerte contusión son más propensas a infectarse que las producidas por objetos cortantes; por eso mejor no coserlas.

Las mejores candidatas a la sutura son las heridas de cortes limpios y recientes. La mayoría de las que se infligen los caballos son sucias y no deben coserse; de todas formas, el veterinario que visite al animal es quien debe decidir. Nunca forcéis al veterinario a coser una herida de emergencia: es mucho mejor mantenerla limpia y abierta para que pueda drenar. Cuando la hinchazón y la infección se hayan reducido, es posible curar muchas heridas días después de su aparición. Todo el mundo quiere una solución inmediata, por lo que este tratamiento a posteriori suele rechazarse. Recordad que las heridas tienden a encogerse, lo que facilita su curación, especialmente en los ponis. Las heridas ubicadas por debajo del corvejón y de la rodilla de grandes caballos pueden tardar en curarse y necesitan muchos cuidados; a menudo hay que vendarlas para propiciar su curación.

Envenenamiento

Veneno es cualquier substancia que pueda lesionar o matar si es ingerida, inhalada, absorbida o inyectada en cantidad suficiente. Algunas de las substancias venenosas más comunes son:

- ❑ **bacterianas:** botulismo, tétanos
- ❑ **químicas:** envenenamientos relacionados con plomo, humo y productos como un antibiótico u otra substancia almacenada en las caballerizas, ingerida accidentalmente

- ❑ **plantas:** helecho, hierba cana (abajo izquierda), dedalera, tejo (abajo derecha), cola de caballo o cola de yegua, cicuta…

Síntomas de envenenamiento

Hay que sospechar de un envenenamiento cuando un caballo parece enfermo sin ninguna causa aparente, aunque, de hecho, alguna tiene que haber. Un diagnóstico de envenenamiento sólo puede darse cuando se ha visto al caballo en contacto con la substancia causante.

El envenenamiento puede tener muchos síntomas clínicos, como el colapso, cólico, constricción o dilatación de las pupilas, convulsiones, depresión, diarrea, dificultad para tragar o respirar, nerviosismo, pérdida del apetito, temblores musculares, tambaleo, sudor o muerte súbita.

La cantidad de veneno a la que el caballo ha estado expuesto y durante cuánto tiempo, son datos muy importantes. Tan pronto como sea posible, hay que recoger muestras de todas las materias sospechosas y llevarlas a analizar. Los análisis pueden resultar caros e infructíferos, de manera que, al menor indicio de envenenamiento, hay que llamar urgentemente al veterinario. Hay venenos que actúan de un modo fulminante; por ejemplo, el caballo es extremadamente vulnerable a la toxicidad del tejo y un solo bocado de esta planta puede matarle en menos de cinco minutos.

Primeros auxilios básicos

Ante una sospecha o confirmación de envenenamiento, hay que seguir los siguientes pasos:

- ❑ Impedir una mayor exposición al veneno; en caso de ser de origen químico, este primer paso se hará extensivo a las personas.
- ❑ Determinar si otros animales han sido afectados o han corrido el mismo riesgo. Un caso de envenenamiento es muy probable cuando hay varios animales enfermos sin ningún signo de infección.
- ❑ No les dejéis comer nada e intentad que eliminen el veneno. Un veterinario les administraría substancias como carbón activo o bicarbonato mediante una sonda estomacal.

- ❑ Dadle un tratamiento específico. Los caballos raramente tienen antídotos efectivos.
- ❑ Dadle un tratamiento de soporte ofreciéndole mucha agua que beber y manteniéndole caliente.
- ❑ Si la piel ha resultado perjudicada, lavadla con un detergente suave y mucha agua.

Las siguientes direcciones electrónicas contienen muchas fotografías que os ayudarán a identificar las plantas que pueden resultar venenosas:

http://www.bhs.org.uk/welfare_leaflets/poisonous-plants.htm
http://www.caf.wvu.edu/~forage/library/poisonous/content.htm
http://www.hsc.wvu.edu/charleston/wvpc/toxic_plants.html

Roces y quemaduras

Afortunadamente, forman parte de las lesiones poco frecuentes en caballos; de suceder, suelen ser a consecuencia de un incendio en las caballerizas. También pueden ser provocadas por:

❑ Escaldaduras producidas por agua.
❑ Roces por fricción de arneses o mantas.
❑ Quemaduras por químicos corrosivos.

❑ Quemaduras producidas por el frío, a menudo como consecuencia de una terapia con hielo.
❑ Quemaduras producidas por el sol.

En un incendio, las partes más vulnerables son la nuca y la cara posterior de las orejas, la cresta del cuello y la parte superior del cuerpo.

Clasificación de las quemaduras

La gravedad de una quemadura depende de la profundidad y la superficie que abarque. El pelo puede estar chamuscado o haber caído; las quemaduras de piel se clasifican en tres grados:

❑ **Superficiales o de primer grado:** La zona quemada es de color rojo y tiene un aspecto húmedo, terso y muy tierno. Si la tocáis, se vuelve de color blanco.
❑ **Más profundas o de segundo grado:** Muy parecida a la anterior, pero con ampollas.
❑ **Muy profundas o de tercer grado:** La piel cambia de color de blanco a rojo y a negro y tiene un aspecto reseco y acartonado. No cicatriza porque las terminaciones nerviosas están quemadas; por eso, si presionáis, la piel no se vuelve blanca.

Generalmente, cuanto mayor es el grado de la quemadura y peores los estragos que ha hecho en la piel, más riesgo corre el caballo de entrar en un estado de shock, deshidratación e infección. El calor y el humo también afectan al resto de su cuerpo, especialmente los ojos y los pulmones; la inhalación de humo puede ser más grave que las quemaduras porque provoca serias dificultades para respirar. Si un caballo se ve implicado en un incendio, avisad inmediatamente al veterinario y contactad con el servicio de emergencias.

Primeros auxilios básicos para quemaduras

❑ Eliminad la causa de la quemadura; por ejemplo, si un caballo se ha escaldado con agua caliente, echadle agua fresca; si sufre una quemadura solar, entradle en el establo.
❑ Refrescad la zona afectada con hielo o agua fría para detener la temperatura de los tejidos y minimizar los daños.
❑ Nunca apliquéis grasa ni otros ungüentos a una quemadura.
❑ Las rozaduras profundas tienen que ser inmediatamente cubiertas con un vendaje protector e impermeable. En caso de emergencia, podéis usar plástico de cocina limpio. Idealmente, aplicad una capa de gel para las heridas.

❑ Las quemaduras provocadas por substancias químicas requieren un lavado suave y abundante que las elimine y un tratamiento a base de medicación tópica. Esquilar la zona afectada ayuda a prevenir una capa deslucida y que la infección se propague.
❑ Las ampollas nunca deben reventarse; el veterinario aplicará una crema bactericida y curará las heridas. Esto es fundamental si los caballos se ven envueltos en un incendio en el campo y se queman las patas. Si el incendio ocurre en los establos, los caballos suelen quemarse el dorso. Se puede aplicar una sábana de algodón impregnada con una solución antiséptica. El veterinario os recetará analgésicos, y tratará al caballo contra el estado de shock.

Cómo comprobar una cojera

En un caso de emergencia resulta muy útil determinar si el caballo es capaz de soportar peso en la extremidad dañada. Si se ha roto la pata, sencillamente no podrá ni apoyarla. Si se ha lastimado un pie que es el caso más común de las cojeras– o tiene un abceso en él, el caballo intentará apoyarlo en el suelo pero rápidamente volverá a levantarlo, lo que indica que cualquier peso sobre ese casco le resulta doloroso.

Para comprobar si está muy cojo, hay que verle andar y trotar sin ninguna tensión que restrinja sus movimientos y detectar cualquier foco de calor

Cuándo llamar al veterinario

La gravedad de la cojera y la cantidad de dolor deberían ayudaros a determinar cuándo hay que avisar al veterinario.

❑ Si el caballo se sostiene sobre tres patas y no puede andar en absoluto, hay que llamar al veterinario inmediatamente.

❑ Si ha empezado a cojear de un día para otro o a causa de una herida, llamadle ese mismo día.

❑ Si puede andar con la extremidad coja pero prefiere no apoyarla, llamadle durante las próximas 24 horas; puede que la situación no parezca demasiado grave, pero habría que confirmarlo en breve.

❑ Una cojera que empeora gradualmente es la que más dudas plantea sobre si hay que avisar o no al veterinario. Si la situación no mejora tras unos días de descanso ni el herrador es capaz de detectar una anomalía en el casco, hay que llamarle.

❑ Ante cualquier sospecha de cojera, dejad de trabajar al caballo.

Dolor en el pie

El dolor en un pie es la principal causa de las cojeras; ¡muchas cojeras atribuidas a la espalda tienen su origen en un casco! A menudo la causa es el "pus en el pie", o el propiamente llamano abceso subsolar.

Un casco contusionado muestra los mismos síntomas que una cojera del pie. Un callo es una contusión en el talón que siempre resulta muy dolorosa. El veterinario o el herrador deberán examinar cuidadosamente el pie para averiguar qué está pasando y drenar el pus o reparar el callo.

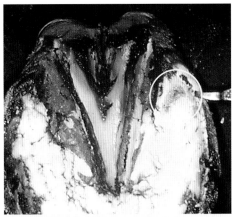

El aspecto exterior de un callo es muy parecido al de un hematoma

Pus en el casco

Este tipo de infección en el pie es muy frecuente cuando a un ambiente seco le sigue otro húmedo. El clima seco reseca las paredes del casco y propicia la aparición de estrechas grietas. Con la llegada de una estación húmeda, el agua y la suciedad alojada en ellas fomenta la proliferación de bacterias y la consecuente infección; el resultado es una dolorosa supuración de pus en los límites del casco.

Cómo apreciarlo

Inicialmente, se aprecia una cojera leve que gradualmente empeora hasta el punto de que el pobre caballo apenas puede andar; algunas veces, en un esfuerzo por aliviar la presión y el dolor en toda la suela, sólo apoyará la punta del casco.

Otras señales pueden ser:

❑ calor en el pie afectado (estará más caliente que los demás);

❑ pulso del pie acelerado;

❑ dolor: el caballo se mostrará nervioso e incómodo;

❑ hinchazón en la parte superior de la extremidad, que puede confundirse con una lesión en el tendón.

Si no se drena el abceso de la suela, el pus se extenderá a través de las paredes del casco y puede llegar a reventar en la banda coronaria.

Qué hacer

❑ Si sospecháis que hay pus en el casco, pedid al veterinario o al herrador que visite al caballo lo antes posible. Puede que sea necesario sacarle la herradura pero, tan pronto como se haya localizado el abceso y drenado el pus, el caballo mejorará rápidamente.

❑ Aplicar una cataplasma sobre la estructura córnea para reblandecerla, puede ayudar a eclosionar el abceso. No coloquéis la cataplasma sobre la banda coronaria (a menos que el abceso ahí ya haya reventado), pues el fomento caliente podría quemar la piel. Lo ideal es conseguir que la infección drene por la parte inferior del casco en vez de por la banda coronaria (el pus nunca drena del todo si para ello tiene que ascender, y el abceso volvería a formarse).

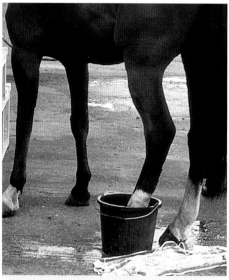

Cómo remojar un pie

- El método tradicional para limpiar un pie consistía en sumergirlo en un cubo con agua tibia y sal de mesa o bicarbonato. El veterinario o el herrador os indicarán otros sistemas para limpiar mejor la zona del abceso; puede que os sugieran lavarla con agua oxigenada o un preparado antiséptico.
- Mantened el abceso vendado hasta que haya sanado lo suficiente para evitar que la suciedad pueda penetrar en él. Nunca apliquéis una cataplasma húmeda durante más de tres días para no reblandecer el casco.
- Mantened al caballo estabulado, especialmente si lleva el casco vendado; en un caso de emergencia, un pañal desechable puede convertirse en un vendaje efectivo y fácil de poner.
- Aplicar una mezcla de 4 partes de azúcar y una de Betadine bajo el vendaje del pie puede ser un remedio barato y eficaz contra la infección.

Cuerpos extraños incrustados en el pie

Un caballo que ha pisado un clavo es un claro ejemplo de emergencia. La mayoría de estas lesiones menores sanan sin problemas, pero una puntura fina puede traer complicaciones inesperadas. Si descubrís un clavo en el pie del caballo, comprobad lo siguiente:

- qué lugar exacto del casco ha herido;
- el ángulo en que ha entrado;
- la profundidad que ha alcanzado (longitud del clavo que está dentro del pie).

Si vais a extraerlo, marcad el punto de entrada y tened cuidado de que no se os rompa en el intento. En teoría, siempre que un cuerpo extraño penetra en una herida, lo mejor es esperar a que un profesional lo extraiga, pero el caso de los clavos es la única excepción de la norma, pues a cada paso que da el caballo, tiende a clavarse todavía más. Si un clavo ha penetrado más de 2 cm dentro del casco, no tardéis en llamar al veterinario.

Cuanta más profundidad alcance el clavo, más peligroso resultará, especialmente si ha pinchado la zona central del casco que es la que contiene las estructuras más delicadas: el hueso navicular, el tendón flexor digital profundo y el cojín digital.

Un clavo alojado en las lumbres del casco puede infectar o romper el hueso tejuelo. Las heridas en los talones suelen infectarse, pero no son tan amenazadoras. Si un cuerpo extraño y sucio, como un clavo, alcanza alguna estructura vital, las cataplasmas no serán suficiente y habrá que recurrir a tratamientos drásticos. Las punciones en los cascos pueden ser engañosas porque tienen mejor aspecto una vez se ha extraído el clavo; por lo que entonces se suele eludir el tratamiento hasta que ya es demasiado tarde. En estos casos, el dolor no es siempre un claro indicio de que algo grave está ocurriendo o de que la situación está empeorando.

Qué hacer

❑ Las punturas superficiales pueden limpiarse con un antiséptico. Preguntad al veterinario si podéis aplicar un poco de agua oxigenada a la herida.

❑ Aplicad siempre un vendaje limpio, una cataplasma o una mezcla de 4 partes de azúcar por una de povidona yodada (o Betadine).

❑ Una punción profunda en la zona central del casco necesita una inspección veterinaria urgente.

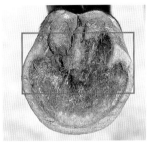

La zona peligrosa

Cojeras después del herraje

Algunas veces, un clavo hiere los tejidos sensibles del casco, causando una cojera transitoria. Los caballos más propensos a sufrir este percance son los que no se comportan debidamente mientras el herrador hace su trabajo y aquellos que tienen unos cascos de escasa calidad y paredes finas.

Qué hacer

❑ Si fuera necesario, pedid al herrador que le retire la herradura; evidentemente, hay que sacar el clavo de la herida.

❑ Dad al caballo algún suplemento que mejore la calidad de sus cascos.

Alcances

Las heridas causadas cuando una pata del caballo golpea a otra, se llaman "alcances". Los más comunes son cuando un posterior golpea el lado trasero de las cuartillas delanteras o los talones de los anteriores; es un tipo de herida frecuente en animales estabulados porque la cama impide una visión clara de las extremidades, ¡o en caballos muy vivarachos que tienden a tropezar! El uso de campanas puede contribuir a prevenir este tipo de lesión. Los alcances más importantes suelen ser los derivados de una cojera grave; en el mejor de los casos son simples magulladuras de los talones y en el peor, acaban degenerando en grandes heridas abiertas. Esta clase de heridas suelen ser sucias y el caballo puede acabar llagado. Aplicad gel para heridas y vendad lo afectado.

Campanas

Laminitis

La laminitis (o infosura) es un estado agonizante que afecta al pie y, desafortunadamente, una emergencia muy habitual. Sin embargo, las posibilidades de recuperación son mucho mayores si el tratamiento se inicia con suficiente antelación. Básicamente, la laminitis puede irrumpir bajo dos formas: la aguda y la crónica.

Una laminitis aguda requiere un tratamiento rápido y efectivo. En este primer estadio de la enfermedad, el caballo o poni se muestra inquieto y cojo, pero los mayores trastornos no han afectado todavía el interior de sus cascos.

La laminitis crónica aparece cuando el hueso tejuelo ha rotado o se ha hundido. Estos casos no son una emergencia fulminante aunque, si el caballo tiene dolor, hay que avisar al veterinario. Nunca hay que obligar a un caballo infosado a andar.

Síntomas de laminitis

En casos graves de laminitis, los pies están tan doloridos que el caballo o poni no quiere moverse o incluso es incapaz de tenerse en pie. Son situaciones verdaderamente urgentes y hay que llamar al veterinario inmediatamente. Comprobad los siguientes síntomas:

❏ Si los cascos están calientes y cuáles acusan dolor cuando les ejercéis presión en la suela.
❏ Si tiene tendencia a permanecer con las manos extendidas hacia delante y el cuerpo reclinado hacia atrás, como intentando evitar el peso en las manos.
❏ Si el caso no es todavía muy crítico, el caballo parecerá dudar sobre qué extremidad apoyarse y alternará constantemente el peso de una a otra, porque todas le dolerán.
❏ En un estado severo, pasará casi el día tumbado.
❏ Puede que tiemble y esté inquieto y angustiado.
❏ El intenso dolor asociado a una fuerte laminitis implica el aumento de las frecuencias circulatoria y respiratoria. Normalmente, la aceleración del pulso se manifiesta abiertamente donde la arteria digital –que lleva la sangre hasta el pie– pasa sobre el menudillo. En un caso muy grave, el pulso golpeará los cuatro pies.

Una laminitis suave y crónica es mucho menos obvia y puede confundirse con otros tipos de infosura. Las siguientes características indican este tipo de laminitis:

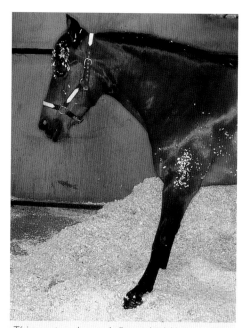

Típica postura de un caballo con laminitis

❏ El caballo o poni "tantea sus pies" y puede que acuse una cojera intermitente, especialmente sobre un suelo duro.
❏ Después de limpiar o cortarle los cascos, los tiene doloridos.
❏ Los cascos tienen una extraña forma puntiaguda y hay surcos en sus paredes, probablemente más

La laminitis puede ser una consecuencia de otra enfermedad como le ocurre a este poni

anchos en los talones que en la parte frontal. Muy a menudo las suelas descienden, la línea blanca es más ancha de lo normal y los pies están planos.

❑ A causa del debilitamiento de la estructura córnea del pie enfermo, el pus en el pie suele ser una complicación habitual.

❑ Cuando el herrero lo arregla, se aprecia una magulladura rojiza dentro del casco.

❑ Esta enfermedad es muy común en ponis obesos, pero cualquier caballo con sobrepeso y las yeguas de cría están más expuestos a padecerla.

Manejo de primeros auxilios

❑ Avisad al veterinario: los casos más graves requerirán analgésicos y otros tratamientos con urgencia. Los menos crónicos necesitarán un plan conjunto por parte del veterinario y el herrador.

❑ Si sospecháis de una laminitis, no obliguéis al caballo a andar. Dejad que se tumbe para aliviar los pies.

❑ Mantener los pies en agua fría o regarle los cascos le aliviarán el dolor a corto plazo.

❑ Preparad una cama abundante e incomestible de viruta, papel o arena que se adapte a sus pies y amortigüe su peso.

❑ A ser posible, pegad un soporte especial para ranillas al pie afectado. Hoy en día, hay varios tipos de protectores de ranillas que van desde compresas especialmente diseñadas para este fin, pasando por cuñas de goma o caucho, a vendajes de soporte. Podéis obtener algunas de estas prótesis (www.laminitisclinic.org) para usos de emergencia, pero lo más sencillo consiste en preparar una cama abundante y mullida y pedir consejo al veterinario.

❑ La prevención es el mejor primer auxilio que pueda darse a una laminitis. Para un caballo gordo o sobrealimentado una dieta cuidadosamente controlada, un incremento del ejercicio y un buen y regular herraje representan las evidentes, que no simples, respuestas. Si la laminitis aflora como resultado de otra enfermedad o consecuencia de un parto, también requiere un manejo impecable.

Heridas en tendones y ligamentos

Un tendón lesionado es potencialmente tan serio como un hueso roto. Los síntomas de la lesión pueden aparecer repentinamente e incluir:

- laminitis;
- calor;
- hinchazón en la extremidad;
- ensanchamiento del tendón;
- dolor si lo presionamos con el dedo;
- decaimiento del menudillo.

Algunos caballos pueden tener una lesión seria y exteriorizar pocos signos evidentes, mientras que otros muy doloridos tendrán la extremidad muy hinchada. En el primer caso, incluso si el caballo no cojea, puede que se haya perjudicado un tendón. Si se aprecia una herida abierta o el caballo tiene dolor, hay que contactar urgentemente con el veterinario; evitad trabajarle o soltarle en el campo antes de que lo haya visitado, para evitar daños mayores.

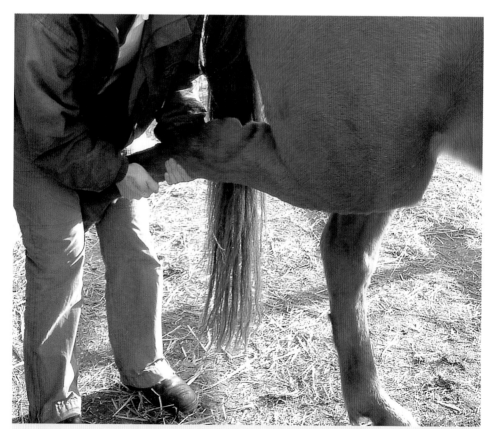

Esta extremidad adopta una postura inusual por la ruptura de un ligamento del posterior. No es aconsejable permanecer junto a un caballo en esta posición, pero en este caso el caballo no puede mover del todo la pata

Manejo de primeros auxilios para tendones potencialmente dañados

Terapia a base de frío

Tan pronto como podáis, aplicad un tratamiento de frío y vendad la extremidad para reducir la hinchazón; así minimizaréis la lesión de las fibras del tendón. Si la herida es reciente, iniciad el tratamiento con 20 minutos de terapia de frío; resulta muy útil para reducir los daños en las fibras del tendón y aumentar las posibilidades de una curación satisfactoria. En este momento, refrescar la herida con agua fría (tratamiento conocido como "hidroterapia") es más eficaz y seguro que aplicar hielo. Si no tenéis una manguera a mano, aplicad una bolsa de hielo sobre la extremidad poniendo mucho cuidado en no "quemarla". En el mercado, existen unas compresas plásticas de gel frío para este fin; son un producto muy útil a incluir en el botiquín de viaje. En una situación de emergencia, podéis aplicar una bolsa de guisantes congelados o una bolsa de hielo, pero no durante más de 30 minutos.

Vendaje de soporte

Un vendaje de soporte ayudará a rebajar la inflamación y aliviar el dolor. Puede que necesitéis las indicaciones del veterinario para aplicarlo pero, cuanto más grueso y firme sea, mejor. Hay que vendar la otra extremidad para ayudarla a soportar el exceso de peso.

Medicación antiinflamatoria

Tras una seria lesión del tendón, hay que hacer bajar

A causa de una seria lesión en el tendón, el menudillo del vendaje azul se ha "desprendido"

la inflamación; el caballo se sentirá mucho mejor si se le proporcionan los adecuados antiinflamatorios y analgésicos en ese mismo momento. Si el veterinario se los administra por vía intravenosa, el efecto será casi inmediato. Los granulados añadidos a la comida tardan más tiempo en surtir efecto.

Descanso

El descanso siempre es beneficioso para un tendón afectado; algunas veces, puede combinarse con un ejercicio controlado. No trabajéis al caballo hasta que conozcáis exactamente la gravedad de la lesión: si se siguiera trabajando a un caballo con una ligera lesión en el tendón podría tener consecuencias catastróficas.

Evaluar los daños

- ❑ Observad la postura del caballo: si el menudillo está más cercano al suelo de lo normal (ver foto superior derecha y anterior) o la punta del casco mira hacia arriba, debéis sospechar la ruptura de un tendón principal y llamar al veterinario inmediatamente. Comprobad si hay dolor e inflamación.
- ❑ El diagnóstico mediante escáner de ultrasonidos es un método muy eficaz para evaluar la gravedad de la situación; si intuís que puede haber un mal mayor, planteadlo al veterinario.

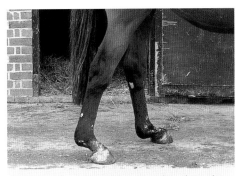

Yegua de cría con los suspensores colapsados: ambos menudillos están anormalmente cercanos al suelo

Fracturas

A cualquier propietario le preocupa saber si la repentina cojera de su caballo será debida a una fractura. Afortunadamente, las causas más frecuentes son otros problemas del pie, como un tirón o un abceso. Sea como sea, hay una serie de factores indicativos y característicos que delatan un hueso roto:

❑ Una cojera por la que el caballo no puede apoyar una extremidad en absoluto.

❑ Se ha escuchado un crujido sordo, previo a la cojera.

❑ La extremidad se muestra totalmente inestable y adopta un ángulo inusual.

❑ El caballo acusa un dolor extremo.

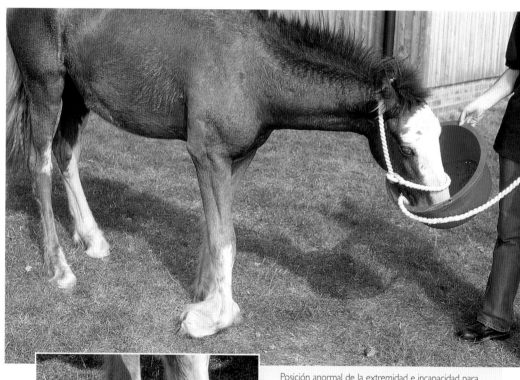

Posición anormal de la extremidad e incapacidad para soportar el peso, debido a una fractura en la mano derecha

Qué hacer

Debéis solicitar la rápida presencia del veterinario y describirle la gravedad de la situación. Mientras le esperáis, podéis ayudar al caballo:

❏ Manteniéndolo tan quieto como os sea posible.

❏ Cubriéndole con una manta para que esté caliente (puede que se haya destemplado por el miedo).

❏ Si está suelto en el campo, acercaos lentamente e intentad que no se mueva para evitar daños mayores. Si se aleja, no le persigáis.

❏ La comida puede ser un buen calmante: ofrecedle una red de heno o un cubo de pienso. No es un recurso adecuado si va a tener que ser anestesiado, pero eso puede ocurrir dentro de algunas horas y la prioridad del momento es restringir su movimiento.

❏ Hacerse con un medio de transporte puede ahorraros un tiempo precioso más tarde. Un caballo con una pata fracturada subirá con más facilidad a un remolque con rampa que a otro con escalón. Si no encontráis uno con rampa, colocad el van en una subida para reducir el escalón. Los hipódromos y otras instalaciones deportivas cuentan con ambulancias especialmente diseñadas para estos casos.

❏ Una superficie antiderrapante en el suelo del van y una conducción sosegada y cautelosa prevendrán que la lesión empeore y, muchas veces, son claves para un buen resultado final.

Tipos de fractura

Las fracturas de los huesos equinos pueden agruparse en las siguientes categorías:

Evidentemente catastróficas

Son la mayoría de las que afectan a un hueso largo, que es el que confiere la verticalidad a la extremidad. Estos huesos tienen un papel fundamental en la distribución del peso del caballo, por lo que una fractura resulta fatal. Generalmente no tienen remedio, particularmente si son más largos que la altura de un poni pequeño. Si existe una herida abierta y el hueso asoma a través de la piel, los daños ocasionados en los tejidos y la infección que comportan son impresionantes.

Menos evidentes

Suelen afectar a huesos más pequeños, como los que hay en el corvejón, las rodillas o el pie. El tratamiento dependerá del tamaño del fragmento, del ángulo del plano de la fractura y de la importancia de las articulaciones que se hayan visto implicadas. Algunas de estas fracturas, como un hueso astillado, pueden tratarse con relativa facilidad y el caballo podrá volver a trabajar normalmente.

Apenas evidentes

Se trata de fisuras muy finas que no han sufrido un

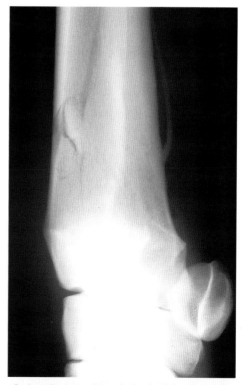

Radiografía de una fisura sin desplazamiento en el radio

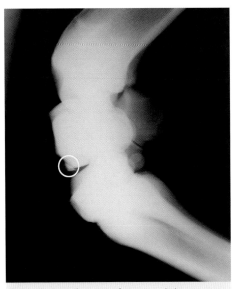

Radiografía de una fractura con fragmento articular en un carpo

desplazamiento. Normalmente se sueldan por sí solas siempre que no haya habido un desplazamiento, en cuyo caso se transformarían en una fractura catastrófica. Las fracturas por estrés o cansancio son más habituales en los jóvenes caballos purasangre de carreras y raramente pueden diagnosticarse mediante un simple examen. El principal inconveniente en estos casos es que el caballo muestra una cojera transitoria y sigue trabajando antes de que la lesión se haya curado, lo que desemboca en un agravamiento de la misma. Ésta es una razón por la que el veterinario estudiará la cojera del caballo mediante una radiografía de rayos-X.

Chips articulares

Son el resultado del desprendimiento de un pequeño fragmento de hueso en la articulación. Las consecuencias de este tipo de lesiones pueden parecer triviales según su ubicación, pero un chip articular puede acarrear una artritis que invalide al caballo.

El diagnóstico

Las lesiones en las extremidades que justifican una eutanasia inmediata son:
- ❏ fracturas múltiples;
- ❏ fracturas totales en la parte alta de los miembros posteriores o anteriores (que afecten a la tibia, el fémur o el húmero), excepto, posiblemente, en ponis miniatura ligeros como el Shetland o el Caspian;
- ❏ fracturas totales en el radio (el largo hueso que hay sobre la rodilla), en caballos que pesen más que un poni grande;
- ❏ multifracturas: heridas abiertas con huesos rotos en varios fragmentos;
- ❏ una infección severa y persistente en una articulación o en la vaina sinovial o bursa;
- ❏ una considerable pérdida o perjuicio de los tejidos blandos.

Otro tipo de lesiones dan un margen de tiempo para considerar diversas opciones del tratamiento a seguir. Algunas lesiones complicadas, como una fractura en la punta del codo, pueden repararse con éxito incluso en caballos de gran talla.

Si el animal está muy cojo, obtener un diagnóstico claro puede ser sorprendentemente difícil; para determinar la causa de la cojera, puede resultar indispensable trasladarle a un hospital equino donde puedan entablillarle y sedarle adecuadamente para facilitarle el paso de las horas. Si no se le puede mover para emitir un diagnóstico, puede que haya que sacrificarle con la incertidumbre de si hubiera podido seguir un tratamiento u otro.

Lamentablemente, algunas fracturas no tienen tratamiento posible. Algunas de ellas podrían repararse, pero requerirían una inversión enorme en cirugía. En estos casos, una rápida eutanasia es la opción más caritativa. No está de más plantearse qué haríais ante una situación como ésta. Si no sois el propietario del caballo, intentad contactarle con él para que pueda comentar el tema con el veterinario.

Bloqueo de la rodilla

Esta cojera repentina puede confundirse con una pata rota o pus en el pie. Se la conoce como una "fijación rotuliana o patelar ascendente" y es algo frecuente en los siguientes grupos de caballos:

❏ Animales jóvenes e inmaduros que no tienen un trabajo regular.

❏ Caballos que se han sacado del entrenamiento y confinado en el establo, a menudo a causa de una enfermedad o lesión.

❏ Algunas razas, particularmente ponis pequeños como el Shetland.

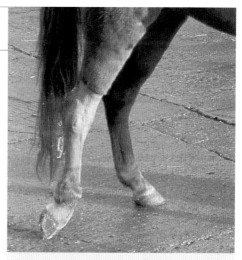

Rodilla bloqueada, fácilmente confundible a primera vista con una pata rota

Síntomas

❏ Una severa y repentina cojera, nunca durante el ejercicio, sino mientras está en el box o cuando empieza a moverse. Normalmente, se aprecia mientras se saca al caballo del establo.

❏ El pie afectado queda mirando hacia atrás y parece incapaz de cubrir la distancia normal. El animal lo mueve hacia delante arrastrando la punta del casco y con el menudillo ligeramente doblado.

❏ Tras unos pocos pasos, puede que recobre su funcionamiento normal o no. En la mayoría de las ocasiones se trata de un bloqueo transitorio y el caballo vuelve a moverse normalmente, pero en otras la rodilla queda colapsada durante unos segundos.

❏ El mecanismo equino para dormir de pie significa que la rodilla se bloquea en el extremo superior del fémur. Normalmente, el caballo puede bloquearla o desbloquearla libremente pero, en algunos casos, ésta queda atrancada (de ahí el nombre). La pata parece paralizada en una postura extraña que predispone la confusión con una fractura.

Manejo de primeros auxilios

❏ Comprobad que la pata queda retrasada, pero no suspendida en una postura anormal. El caballo o poni debe tener un aspecto tranquilo; si se tratara de una fractura, estaría muy inquieto por el dolor. La rodilla se desbloqueará por sí misma al cabo de unos pocos pasos, pero también es posible ayudarla:
• haciendo caminar al caballo hacia delante;
• haciéndole andar hacia atrás;
• manipulándola

❏ A muchos caballos inmaduros, inactivos o con una escasa musculatura, este problema les desaparecerá en cuanto se hagan mayores y fuertes; muchos lo han superado mejorando su forma física, haciendo un ejercicio regular y recibiendo un cuidadoso manejo de los pies. Si la lesión persiste, consultad al veterinario; la cirugía es una posibilidad.

❏ Proponed al veterinario y al herrador un herraje especial. Un herraje ligeramente más elevado en los talones, más corto en las lumbres y unos milímetros más bajo en la cara interna, podría ayudar.

Cólicos

Un cólico es cualquier trastorno referido a un dolor abdominal y puede afectar a caballos de cualquier raza y edad. Es la emergencia veterinaria más temida por cualquier propietario de un caballo. Sin embargo, conocer las posibles causas de este trastorno, y diseñar un plan para evitarlas, pueden mitigar ese temor. Por desgracia, hay que estar familiarizado con él, pues un cólico es una alteración relativamente común. Es un hecho reconocido que ciertos factores aumentan el riesgo de cólico; son los siguientes:

❏ cambios repentinos en la dieta;

❏ una dieta demasiado rica o concentrada;

❏ acceso restringido al agua;

❏ control parasitario deficiente;

❏ cambios repentinos en la rutina.

Todos estos factores están relacionados con la alimentación y el manejo. De siempre es sabido que el caballo está diseñado por la naturaleza como un animal de pastoreo, pero nosotros lo estabulamos, le alimentamos con una dieta concentrada y limitamos sus movimientos en un pequeño paddock con hierba contaminada por el estiércol que la infecta de parásitos: ¡no es de extrañar que le duela la barriga! Un manejo adecuado y un atento control parasitario minimizarán todos estos riesgos: el veterinario os informará de los modernos sistemas al respecto (hay muchas otras cosas que podéis hacer por vuestro caballo que no se limitan a alternar la pasta desparasitadora cada dos meses).

Cuando un caballo padece un fuerte cólico, sus propietarios suelen preguntarse qué han hecho mal; muchos cólicos son sencillamente inevitables. Pese a disfrutar de un manejo impecable y un riguroso control parasitario, algunos caballos acabarán en la mesa de operaciones ¡sin que nada ni nadie tenga la culpa de ello excepto su destino y la mala suerte!.

Un caballo de tamaño medio tiene unos 22 m de intestino delgado holgadamente alojados en el abdomen, otros 4 m de intestino grueso doblados en varias formas de U, y aproximadamente 1 m de intestino ciego. Todas estas entrañas tienen una gran tendencia a retorcerse, contraerse y enredarse. Los factores de riesgo de un cólico que requiera una intervención quirúrgica, son:

❏ un cólico anterior al que le hubo que operar;

❏ edad avanzada;

❏ control parasitario deficiente;

❏ se ha demostrado que los caballos castrados corren un riesgo ligeramente mayor a padecer cólicos de este tipo, posiblemente a causa de la inevitable cicatriz y cambios somáticos que resultan tras la más cuidadosa intervención de castración.

Un estudio reciente muestra una incidencia aproximada de 0.1 a 0.2 episodios por caballo y año, lo que significa que si tenéis 10 caballos podríais tener que enfrentaros a uno o dos cólicos al año. Si superáis esta cifra estaréis por encima de la media, y deberéis preguntaros por qué

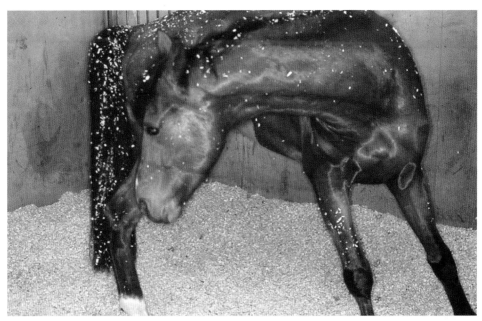

Un caballo con un cólico suele mirarse los flancos y tener el material de la cama por todo el cuerpo como consecuencia de los revolcones

Signos de un cólico

Saber apreciar cuándo un caballo tiene un cólico es crucial, porque se trata de una peligrosa emergencia. Los cólicos pueden tener diversos orígenes; los debidos a una simple indigestión se pasan sin necesidad de tratamiento, mientras que otros ponen en peligro la vida del animal y requieren una pronta intervención quirúrgica. Los signos de cólico incluyen:

❑ desasosiego: el caballo se tumba y se levanta sin cesar, por lo que tiene parte de la cama esparcida por todo el cuerpo;

❑ se gira mirándose los flancos;

❑ se da patadas en el abdomen;

❑ suda;

❑ se revuelca;

❑ da manotazos en el suelo y escarba la cama continua o intermitentemente;

❑ se echa durante más tiempo de lo normal;

❑ enrosca el labio superior;

❑ extiende el cuerpo repetidamente, como si tratara de orinar;

❑ se tira al suelo violentamente y/o se revuelca;

❑ dobla las rodillas como si quisiera echarse;

❑ no consigue defecar en todo el día.

Un caballo con dolores de cólico extiende insistentemente el cuerpo como si intentara orinar

Cuando sufre un cólico severo, el caballo muestra evidentes signos de dolor que hay que intentar paliar inmediatamente. En estos casos, hay que llamar al veterinario sin dudar un instante. Como medida de prevención, llamadle siempre que un cólico suave persista durante más de media hora.

Qué hacer

❑ En un caso de cólico violento, lo primero que debéis hacer es intentar no lastimaros.

❑ Intentad calmar al caballo; algunos sufren un verdadero pánico frente al dolor.

❑ Levantadle y hacedle andar preferiblemente en un suelo duro sobre el que no le apetezca revolcarse.

❑ Si no quiere incorporarse, aseguraos de que tenga una cama abundante y de que el box sea suficientemente grande como para que no quede encajado en un rincón. Retirad cualquier objeto que pueda lastimarle, como el comedero o el cubo de agua. Si podéis, sacadle a una pista de arena o un campo en el que no pueda autolesionarse. Aunque no lo parezca, el hecho de revolcarse no empeora el cólico sino más bien lo contrario: mientras el caballo se revuelca, los intestinos se mueven; es un recurso natural que el caballo emplea en un intento de resolver el problema. Que el hecho de revolcarse enrede los intestinos no es más que un mito.

❑ Hacer andar al caballo durante horas es un error: sólo consigue extenuarle y no le alivia en absoluto. Sólo debe andar mientras espera al veterinario. Si eso le tranquiliza, dejad que se tumbe.

❑ Sacad toda la comida a su alcance.

❑ No le administréis ningún medicamento sin consultar antes con el veterinario.

❑ Tened preparados agua, jabón y una toalla para cuando llegue.

❑ Si el cólico es grave, puede que haya que transportar al caballo a un hospital en el que puedan examinarle y tratarle, de manera que hay que tener a punto un remolque. Decidid si querréis trasladarle para este fin y consultad vuestra póliza de seguros para ver si cubre la intervención.

De qué hay que informar al veterinario

❑ Intentad tomar el pulso al caballo; si está por encima de las 80 pulsaciones por minuto, es que tiene un dolor insoportable.

❑ Tened a punto toda la información que os pueda pedir: todo lo referido a su historial, si ha cambiado últimamente de dieta o si ha tenido otros episodios de cólico.

Qué hará el veterinario

❑ El veterinario decidirá si el cólico requiere un tratamiento medicinal o quirúrgico. La mayoría de los cólicos remiten con un tratamiento médico; sólo un 5 ó 10 por ciento precisan una operación de emergencia. El dilema veterinario reside en saber a qué tipo pertenece, pues en el principio de la crisis, los síntomas clínicos son los mismos. Diagnosticar la causa del cólico basándose estrictamente en las reacciones del caballo es imposible.

❑ Llevará a cabo un examen exhaustivo y comprobará la actividad del abdomen auscultando el movimiento de los intestinos. En un caso de cólico severo habrá pocos o anormales sonidos intestinales.

❑ Realizará un examen rectal o interno que le ayude a diagnosticar el tipo de cólico al que se enfrenta y/o tomará una muestra de fluidos del interior del abdomen; a esta abdominocentesis se la conoce como "punción de la ba-  rriga" o "punción peritoneal" (derecha). El líquido extraído le dará otra pista sobre lo que está pasando y si el cólico necesita una intervención urgente.

❑ Algunas veces, se pasa una sonda hasta el estómago para reducir la presión de ese órgano y poder

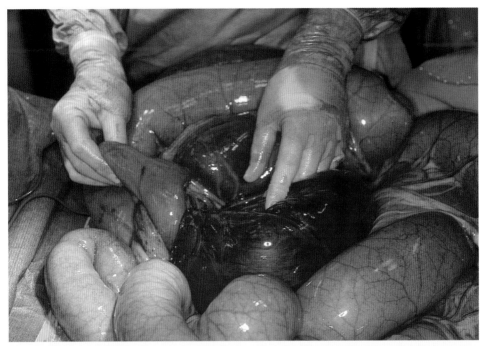

Detalle de una operación: el rojo oscuro ha asfixiado y extrangulado al intestino delgado, que está siendo separado antes de extirparlo

administrarle un gran volumen de parafina líquida u otras substancias. Los caballos no pueden devolver, de manera que el tubo en el estómago les ayuda a liberar gases y líquidos de su interior y evita que la presión aumente y acabe por hacerle reventar.

❑ Los pocos casos que puedan necesitar cirugía parecen mejorar tras la administración de sedantes; algunos medicamentos son tan fuertes que consiguen disfrazar el dolor intenso. Por esta razón, muchos caballos empeoran y mueren sin haber tenido la opción de ser operados. Descubrir si un cólico requiere una intervención o no puede ser muy difícil. Ante la duda, lo mejor es transportar al caballo hasta un hospital donde podrán atenderle debidamente en el caso de que empeore.

❑ Cuando un caballo tiene dolor abdominal no hay tiempo que perder. Si sois afortunados, el paseo en remolque hasta el hospital puede calmar el cólico, y si el caballo está mejor a su llegada, no habrá nada que lamentar. Una vez en el hospital, el personal familiarizado con este tipo de trastorno puede examinar al caballo mediante diversas pruebas, como ultrasonidos abdominales y tests de laboratorio para decidir el tratamiento oportuno.

❑ Es de vital importancia que cualquier propietario de un caballo sepa reconocer un cólico que precisa de la atención veterinaria.

❑ Cualquier cólico se controla mejor cuanto antes se trata (y, de requerir una intervención, tiene más posibilidades de éxito cuanto antes se opere). Todos los veterinarios temen las llamadas de primera hora de la mañana que avisan del cólico de un caballo que puede haber estado sufriendo durante toda la noche. La observación regular de los caballos a vuestro cargo facilitará la rápida detección de cualquier problema. Es particularmente importante mantener en seguimiento de un caballo que ha padecido un cólico leve, por si éste recurriera; lo que ha sido un ligero trastorno podría reaparecer de un modo mucho más severo.

¿Qué posibilidades tiene de sobrevivir?

Dejando a parte la gravedad de la enfermedad de la hierba, la mayoría de los cólicos leves responden exitosamente al tratamiento. No obstante, hay que asumir que, un caballo con un cólico quirúrgico tiene alrededor de un 75 % de posibilidades de sobrevivir, siempre y cuando haya llegado pronto al hospital y haya sido atendido por un equipo competente. Algunos hospitales equinos reclaman un porcentaje de éxitos mayor que éste, pero eso depende del número de casos que han atendido y de qué tipo de cólicos se trataba. Evidentemente, el caballo que ha permanecido inatendido durante todo el día anterior a su ingreso en el hospital tiene menos posibilidades de sobrevivir que otro que se ha presentado inmediatamente.

Cuidados postoperatorios

Muchos caballos que han superado con éxito un cólico quirúrgico vuelven a su trabajo habitual. Después de una operación, hay varias suturas cutáneas que deben ser retiradas a los 10 ó 14 días. El caballo puede necesitar una dieta especial y un ejercicio moderado (convalecencia en el box y andar de la mano) durante al menos 4 semanas, para contribuir a la correcta curación de la herida abdominal. Pasado este tiempo, se le puede sacar a un pequeño paddock durante otras 4 u 8 semanas. Esto significa que no debería volver al trabajo antes de 2 o 3 meses. Los detalles concernientes al manejo y ejercicio del animal deben acordarse con el veterinario, pues pueden variar de un caso a otro pero, por norma general, cualquier cólico quirúrgico requiere un significativo período de descanso.

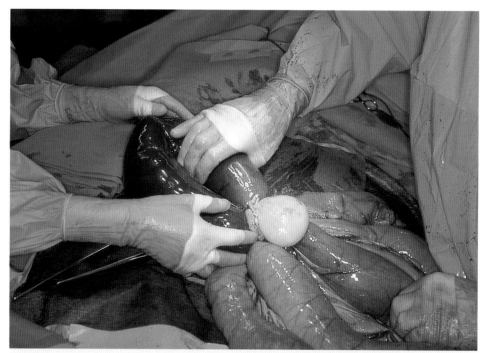

La masa amarilla es un tumor graso benigno (lipoma pedunculado) que ha crecido cerca del intestino, extrangulándolo y provocando un cólico quirúrgico. Es algo relativamente común en caballos de edad avanzada

CASOS PRÁCTICOS

La importancia de actuar deprisa

Victoria, una gran yegua de deporte irlandesa, empezó a sufrir un cólico un sábado, de repente. Al cabo de una hora estaba muy alterada y el dolor no remitía pese a las grandes dosis de calmantes que le administró el veterinario. La falta de respuesta a la medicación y el hecho de que el veterinario percibiera una gran viscera desprendida durante el tacto rectal, indicaron que la yegua necesitaba una intervención quirúrgica. Afortunadamente, estaba a menos de una hora de un hospital equino, de manera que estuvo sobre la mesa del quirófano en menos de tres horas desde los primeros dolores. Esta rapidez la salvó, pues tenía un nudo en el colon que la hubiera matado en menos de ocho horas de no ser intervenida.

Tras la operación, necesitó muchos cuidados y llevó un gota a gota durante dos días. Una vez en casa, descansó en el box durante ocho semanas antes de poder salir a pastar en un pequeño paddock. Pasaron seis meses antes de que pudiera volver al trabajo. Afortunadamente, se recuperó del todo.

Un falso cólico

Thomas era un caballo adorable. Un sábado por la tarde empezó a darse patadas en la barriga y a mostrarse inquieto; pero era tarde y no parecía tan, tan molesto… Su propietario le dió cuerda y le administró algunos calmantes orales más un trago de whisky para ver si se tranquilizaba. Al cabo de un par de horas, viendo que el animal no reaccionaba, avisó al veterinario. Un cuidadoso examen reveló que lo que el caballo se golpeaba era la vaina porque sufría una infestación de gusanos; ¡se trataba, pues, de un falso cólico y no tenía nada que ver con el dolor abdominal!

Diarrea

La diarrea puede aparecer asociada a un cólico o no. Si un caballo adulto con diarrea tiene un aspecto radiante, sano y come y bebe con ganas, no es probable que esté en una emergencia. No obstante, si la diarrea persiste durante más de 48 horas, debéis avisar al veterinario. Un potro con diarrea justifica que le llaméis ese mismo día. Si un caballo adulto con diarrea está enfermo, y especialmente si exterioriza signos de cólico o tiene la temperatura muy alta, consultad al veterinario. Un caballo con una abundante diarrea puede deshidratarse muy deprisa. Comprobad los síntomas de deshidratación (ver p. 77).

Tratamiento de primeros auxilios

❑ Estabulad al caballo.

❑ Ofrecedle forraje, pero no hierba, y mucha agua que beber.

❑ Dejar de suministrarle piensos y plantearos algunos probióticos que, en algunos casos, pueden ayudar.

❑ Aparte del agua normal, dejad a su alcance algunos cubos de agua con electrolitos.

❑ Tomadle la temperatura; si ésta es elevada y el caballo parece deshidratado y deprimido, llamad al veterinario.

❑ Ver si tiene algún edema (acumulación de fluido) debajo de la barriga o en las pantorrillas. Si lo hubiera, consultad al veterinario.

❑ Comprobad su régimen de desparasitaciones, pues algunos parásitos pueden causar diarrea.

❑ Siempre hay la posibilidad de que la diarrea pueda salpicar a otros caballos o personas. Estad atentos a vuestra higiene personal y separad al paciente de los demás animales.

❑ Limpiadle el muslo y las nalgas y untádselos con Vaselina® para impedir que la piel se irrite. Para mantener limpia la cola, puede ser necesario vendarla.

❑ Estad vigilantes a la aparición de otros poblemas como la laminitis.

Excrementos de un potro de un año con gusanos largos y redondos (blancos) y otros diminutos y rojos (apenas apreciables).

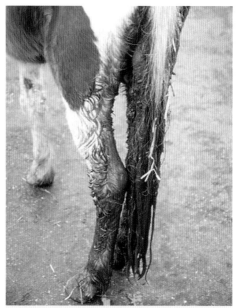

Manchas de diarrea

Problemas respiratorios

Las dificultades respiratorias pueden tener varias causas, pero principalmente éstas:

1 Problemas pulmonares por los que no se puede obtener suficiente oxígeno. El caballo puede estar resollando, tosiendo o respirando aceleradamente y puede rezumar una mucosidad blanca/amarillenta por los ollares.

2 Una obstrucción en alguna parte de las vías respiratorias impide que el aire pueda entrar o salir de los pulmones. El caballo emitirá un sonido respiratorio sordo, similar a un rugido o un ronquido.

Alergias

La mayoría de las emergencias respiratorias están asociadas a una alergia al polvo. La gente con asma tiene crisis respiratorias y a veces le falta el aliento; los caballos desarrollan una enfermedad pulmonar obstructiva crónica (COPD) conocida también como obstrucción aérea recurrente (RAO) y jadean, tragan aire o tosen. Los pacientes más graves están continuamente aspirando y/o tosiendo y, con el pecho y los ollares en constante movimiento, lo que demuestra su gran esfuerzo por respirar. En los casos más leves sólo tosen ocasionalmente y con menos vehemencia. Esta enfermedad es una reacción alérgica a los polvos orgánicos, particularmente al del heno y la paja, y a sus esporas. La emergencia surge cuando se expone a un animal sensible a una cantidad excesiva de polvo, como por ejemplo, cuando se le estabula. Para evitar problemas, aseguraos de que los establos —sobre todo los comunitarios— estén bien ventilados y reducid el riesgo de polvo remojando el forraje y eligiendo una cama no polvorienta.

Qué hay que vigilar

Bajo las siguientes circunstancias, avisad al veterinario inmediatamente:

❑ De pronto, el caballo tiene serias dificultades para respirar y el cuadro no mejora en una hora. Llevadle a un espacio abierto, libre de polvo y bien ventilado –como un paddock– y no le perdáis de vista. Cualquier ejercicio no hará sino empeorar la situación, así que no le obliguéis a moverse innecesariamente.

❑ Le cuesta respirar y tiene fiebre. Es poco frecuente y puede acusar una infección.

❑ Tiene una tos fuerte y persistente, como si tuviera algo encallado en las vías respiratorias o en el esófago.

❑ No hace mucho, sufrió una herida en el pecho.

❑ Emite un desconocido rugido/ronquido sordo y constante. Si sólo lo emite mientras trabaja, no es tan urgente, pero si persiste durante una semana, deberíais llamar al veterinario.

Qué hará el veterinario

El tratamiento dependerá de las sospechas del veterinario. Se pueden recetar medicinas que ayuden al caballo a respirar, aunque sólo controlarán los síntomas momentáneamente pero no los curarán. Si la vía respiratoria está obstruida, el veterinario le practicará una traqueotomía (inserción de un tubo en la vía que permitirá al caballo respirar). En algunos casos, puede que intente una exploración con un endoscopio (un instrumento con el que podrá examinar el interior de las vías respiratorias y de los pulmones) para ver lo que ocurre exactamente.

Enfermedades respiratorias infecciosas: Paperas

Hay gente que considera una emergencia a un caballo con la nariz sucia, especialmente si la secreción es espesa y el caballo tiene alguna glándula hinchada. Estas señales pue-den tener muchas causas, como una infec-ción respiratoria vírica o una alergia al polvo; pero, efectivamente, también pueden delatar unas paperas.

Las infecciones respiratorias, ya sean bacte-rianas o víricas, pueden ser muy contagiosas, pero un diagnóstico precoz y una interven-ción a tiempo pueden reducir la propagación de la enfermedad.

Inevitablemente, como los caballos se agru-pan y se mezclan entre sí, todas las infeccio-nes respiratorias se contagian como ocurre con la gente. Los caballos pueden contagiar enfermedades antes de que las exterioricen, lo que es una buena razón para poner en cua-rentena a cualquier recién llegado a una caba-lleriza.

Lo que hay que saber sobre las paperas

❏ Las paperas son una infección bacteriana común entre los caballos.

❏ Menos de un 1 % de los caballos infectados mueren a causa de esta enfermedad.

❏ Entre el 2 y el 7 % se verán afectados por otras complicaciones.

❏ Lo más preocupante debe ser el contagio de un individuo a otro, por lo que hay que im-pedir el tránsito equino a su alrededor.

❏ Limitar la diáspora de la enfermedad requiere una actuación responsable. Esto puede supo-ner mantener al caballo infectado aislado de los demás durante al menos 4 semanas o hasta que hayan desaparecido los síntomas.

❏ Con un simple examen clínico no se puede asegurar que el animal tenga, efectivamente, paperas. Para confirmarlo, hay que realizar al-gunas pruebas de laboratorio (que en este sentido, cada día son más precisas). Para saber exactamente qué tenéis entre manos y si es o no imperativo aislar al caballo, es muy impor-tante contar con un buen diagnóstico.

Síntomas de las paperas

❏ Fiebre; al menos 39-40 °C;
❏ depresión y pérdida del apetito;
❏ descargas nasales;
❏ glándulas hinchadas;
❏ abscesos; normalmente en la zona de la garganta;
❏ ocasionalmente, tos.

Algunos caballos no exteriorizan todos estos síntomas a la vez, pero sí una suave y atípica infección que a menudo pasa desapercibida.

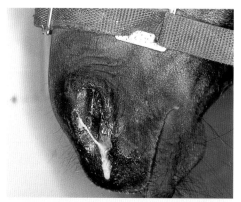

Un caballo con secreciones nasales puede tener una infección o una alergia

¿Cómo se contagian las paperas?

- ❑ Principalmente, por contacto directo de un caballo a otro (cuando se rozan los ollares o comparten comederos y/o bebederos). No se contagia por el aire a largas distancias, como los virus de los pies o la boca.
- ❑ Por una deficiente higiene en el manejo: se propaga mediante las mantas, cubos o cualquier otro material infectado.
- ❑ No todos los animales que están juntos contraen la enfermedad, del mismo modo que no todos los miembros de una familia se contagian del mismo resfriado.
- ❑ Los microbios de las paperas pueden perdurar varias semanas en el ambiente, especialmente en establos sucios y en bolsas de pus y mucosidades resecas. ¡Esto demuestra la necesidad de una desinfección meticulosa!
- ❑ Afortunadamente, esta enfermedad no se propaga por el aire, por lo que no afecta a largas distancias siempre y cuando no haya habido un contacto directo.
- ❑ Aunque los caballos estén aislados, hay que tener cuidado en no propagar las paperas de un modo indirecto (por ejemplo, mediante la gente que va de una cuadra contaminada a otra). Los microbios de las paperas se destruyen en contacto con agua caliente (50 °C). Cambiarse la ropa a menudo y ducharse con agua caliente ayuda a prevenir cualquier contagio indirecto. Lo mejor es restringir las visitas a los núcleos infectados.
- ❑ Si sospecháis que hay una infección respiratoria en vuestro recinto, avisad al veterinario. Las siguientes medidas de precaución pueden seros muy útiles:
- ❑ Tomad la temperatura a los caballos regularmente. Una temperatura alta puede indicar una infección.
- ❑ Separad a los presuntos enfermos del resto de la manada. No permitáis la entrada de nuevos animales, a menos que acepten estar aislados.
- ❑ Tomad todas las precauciones posibles para evitar el contagio a través del personal que maneja a los caballos, materiales compartidos, contacto directo, camas contaminadas, etc. Emplearos a fondo con la higiene y la desinfección.
- ❑ Comprobad que todos los caballos estén debidamente vacunados, particularmente contra la influenza (o gripe) equina.
- ❑ Si sospecháis de una enfermedad contagiosa, consultad con el veterinario.

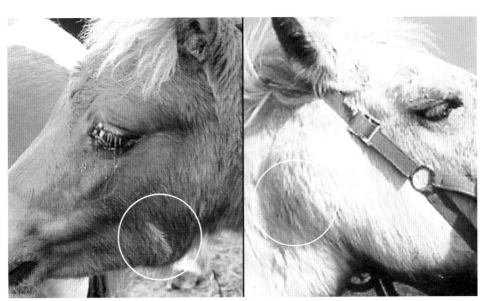

Estos dos caballos tienen sendos abscesos linfáticos causados por las paperas

Atragantamiento

Un atragantamiento es una "obstrucción esofágica", y describe la situación en la que el alimento queda atrancado en el esófago (el tubo que conecta la boca con el estómago). Los caballos no pueden devolver como nosotros, por lo que se angustian mucho.

Cómo reconocer un atragantamiento

A menudo, los síntomas aparecen inmediatamente o poco después de que el caballo haya comido. Cuando un caballo se atraganta, es evidente que algo extraño le ocurre.

❑ Se muestra angustiado, tose y babea. Algunas veces, la comida mezclada con saliva le rebosa por la boca y los ollares en forma de una pasta verdosa. Los caballos no pueden vomitar como la gente, pero cuando se atragantan tienen unas náuseas muy parecidas a las nuestras.

Otros síntomas pueden ser:

❑ dificultad para tragar, debida a la obstrucción;

❑ sacudir y estirar intermitentemente el cuello, como intentando liberarse del bloqueo;

❑ puede haber una hinchazón o un bulto en el lado izquierdo del cuello;

❑ al principio, un caballo atragantado puede intentar seguir comiendo. Si la obstrucción no remite, perderá el apetito y empezará a deshidratarse.

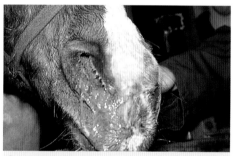

Desagradable descarga nasal debida a un atragantamiento

Qué hacer

Un atragantamiento suele parecer una angustiosa emergencia, ¡pero muchas veces no lo es! La mayoría de las veces remite rápidamente sin ningún tratamiento y no requiere la atención veterinaria. No obstante, el riesgo a que provoque otras complicaciones, aumenta significativamente cuanto más persiste la obstrucción. El mayor riesgo consiste en que el caballo aspire esa mezcla de comida y saliva y ello le provoque una neumonía. Este tipo de neumonía por aspiración suele ocurrir en los dos tercios de los caballos afectados. Si la obstrucción no desaparece en pocas horas, necesitaréis ayuda veterinaria. Primeros auxilios:

❑ Impedid al caballo que pueda comer o beber para evitar una cantidad mayor de bolo en la tráquea. Trasladadle a un box sin forraje ni comida y con una cama no comestible y pedid consejo al veterinario. En el tiempo en que hagáis esto, seguramente la obstrucción habrá remitido.

❑ Algunas veces, palparéis un bulto de comida encallado en el lado izquierdo de su cuello; un suave masaje en dirección al estómago puede ayudar a desintegrarlo.

❑ Mantened quieto al caballo, con la cabeza baja para permitir el drenaje de la saliva. El veterinario le administrará un sedante para animarle a ello.

Qué hará el veterinario

El tratamiento veterinario dependerá del tiempo durante el que el atragantamiento haya persistido y de lo inquieto que esté el caballo. En la mayoría de los casos, una inyección bastará para relajarle y esperar a que la obstrucción recurra. Si el bloqueo persiste, el veterinario empleará algún tratamiento un poco más agresivo. Algunas veces, se introduce una sonda por la nariz y el esófago hacia el estómago, para comprobar la ubicación del estorbo e introducir a presión un fluido que lo reblandezca y lo deshaga. Administrarle líquidos por vía intravenosa mediante un gotero también puede ayudar, pues el caballo se va deshidratando a medida que pierde saliva y no puede beber. Las ocasiones en las que hay que anestesiar totalmente al animal para proceder quirúrgicamente son muy escasas.

El pronóstico de la recuperación total es bueno. Remojarle el forraje durante los tres días siguientes reducirá el riesgo de recaída y la posible irritación de las vías en el lugar de la obstrucción. Cualquier pequeña infección respiratoria como consecuencia del atragantamiento se resolverá rápidamente, aunque se recomienda administrar antibióticos durante unos días.

Causas de un atragantamiento

❑ La causa más frecuente es que la combinación del forraje seco con la saliva, o una remolacha mal remojada, bloquean el esófago; la situación empeora cuanta más comida se acumula sobre la obstrucción inicial. Otros culpables de un atragantamiento pueden ser pedazos de frutas o verduras, trozos de madera o material de la cama.

❑ Una causa menos probable es haber alimentado al caballo antes de que se recuperara de una sedación o anestesia. ¡Hay que tener paciencia y dar tiempo al caballo a despertarse totalmente antes de ofrecerle el equivalente equino a un té con pastas! Otro posible riesgo es el que amenaza a un caballo cansado; aseguraos de que bebe antes de comer y de que la comida es adecuada y fácil de tragar.

❑ Si un caballo sufre episodios recurrentes de atragantamiento, hay que esforzarse en averiguar la causa. Una vez descartadas las referentes a la alimentación, considerar estas otras:

• Problemas dentales: dientes afilados o desgastados en animales ancianos, o dientes caídos o incipientes en los jóvenes.

• En contadas ocasiones, algún tipo de obstrucción presiona la cara exterior del esófago y dificulta el paso del bolo alimenticio. Este obstáculo puede ser debido a que una inflamación en el cuello haya provocado una hinchazón o un absceso parecido al de las paperas o, más frecuentemente, un tumor.

• Cabe considerar otros motivos que puedan dificultarle el tragar. En algunas zonas del mundo pueden deberse a serias enfermedades como la rabia, cuyos síntomas pueden imitar un atragantamiento.

• Glotonería: hay caballos –y particularmente ponis– que, en cuanto acaban de engullir la comida, se atragantan sin ninguna causa médica.

Cómo prevenirlo

❑ Evitad el forraje seco.

❑ Separadle de los demás cuando vaya a comer para que no tenga que engullir por temor a que sus compañeros le arrebaten la ración.

❑ Alimentadle con raciones más pequeñas y frecuentes, en tres o cuatro veces.

❑ Colocad un gran objeto en el comedero, como una piedra grande, de manera que tenga que seleccionar la comida y ello le obligue a comer más despacio.

Problemas musculares

Agarrotamiento, azoturia o "enfermedad de los lunes" son términos coloquiales que se usan para describir a un caballo con algún desorden muscular. Técnicamente, corresponden a una mioglobinuria paralizante, miositis o ERS (rabdomiolisis debida al ejercicio). Todos estos términos describen las consecuencias, pero no las causas. La palabra "agarrotamiento" significa que un caballo no se puede mover. Los términos "miositis" y "rabdomiolisis" concretan además el músculo afectado por ese agarrotamiento. Azoturia y mioglobinuria explican que el músculo dañado provoca una pigmentación rojiza en la orina. La "enfermedad de los lunes" se refiere al tradicional problema de los caballos a los que, el domingo, se les daba una ración normal pero no se les traba-

jaba y pasaban el día en el box, por lo que el lunes amanecían agarrotados.

El hecho de que los problemas musculares reciban tantos nombres, es por que hay muchos tipos de dolencias con múltiples causas; por lo que resulta una emergencia un tanto complicada. Antiguamente se creía que los caballos de tiro (con una poderosa masa muscular) quedaban paralizados o sufrían calambres musculares como consecuencia de una alimentación inadecuada; hoy en día, se sabe que las causas son mucho más complejas. Recientes investigaciones han demostrado que en algunos casos es una enfermedad hereditaria que, como resultado de múltiples causas, no tiene una curación mágica.

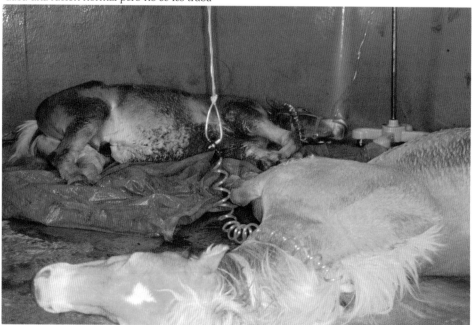

Dos caballos colapsados, con un gotero, en un box acolchado. Ambos padecen una enfermedad muscular llamada mioglobinuria atípica

Qué síntomas hay que observar

❏ Lesiones musculares

El caballo puede parecer rígido y reacio a moverse; algunas veces estará completamente agarrotado y, menos probablemente, echado en el suelo. Puede que orine de un color rojo oscuro, debido al paso de diversas materias procedentes del músculo dañado, a través de los riñones.

❏ Dolor

Dependiendo del caballo y de la gravedad de la lesión, el animal puede mostrarse muy dolorido. Los síntomas son: sudor, manotazos en el suelo y aceleración de las constantes cardíaca y respiratoria. Se muestra muy sensible a la palpación muscular, especialmente de la grupa y los muslos; y puede parecer tan angustiado que dé la impresión de padecer un cólico. Los casos menos graves son más difíciles de reconocer y pueden confundirse con una incipiente laminitis.

Tirones musculares

Recordad que los caballos que no están acostumbrados al ejercicio, particularmente los que no están en forma, pueden tener tirones y agujetas. Sin embargo, no está de más consultar al veterinario para descartar otras causas como una laminitis. Un tirón muscular puede tratarse con el descanso y/o una correcta manipulación.

❏ Alteraciones asociadas a desequilibrios de fluidos y electrolitos

Suelen darse durante el ejercicio, como resultado de un cierto grado de deshidratación y su consecuente pérdida de electrolitos. Este desequilibrio empeora con el sudor hasta el punto de que un caballo deshidratado puede sufrir algún tipo de fisura muscular que le afecte los riñones. Todo este proceso puede acarrear diversas disfunciones renales.

Caballo sostenido por un cabestrillo, tras sufrir una lesión muscular.

Qué hacer

Acciones inmediatas

❏ Suspended el ejercicio y estabuladle; si estáis lejos de casa, desmontad y preved un transporte para trasladarle.

❏ Si hace frío, abrigadle.

❏ Si tiene dolor o suda profusamente, avisad al veterinario inmediatamente.

❏ En el establo, ofrecedle forraje y agua, pero ningún pienso.

Medidas preventivas posteriores

❏ Aseguraos de que su dieta contenga el máximo de forraje, ya sea hierba recién cortada, heno o similares. Esta aportación de fibra debería conformar el 50 % de la dieta, aunque lo ideal sería no alimentarle con nada más. Cualquier otro suplemento debería ser rico en fibra y de bajo contenido energético. Sólo podéis darle una pequeña cantidad de cereales (ricos en almidón).

Hay piensos ricos en materias grasas y escasos en almidón, concebidos para estos casos. También es recomendable la progresiva introducción de aceites vegetales (de maíz o de soja) en la comida. Pedid al veterinario su consejo nutricional para cada caso, pues, normalmente, una dieta con una considerable cantidad de aceite requiere una aportación extra de vitaminas y electrolitos.

❏ No le olvidéis en el box: aseguraos de que, cada día, sale a pastar en un paddock durante el máximo tiempo posible.

❏ Aseguraos que no pase frío fuera: facilitadle un refugio y las mantas que pueda necesitar.

❏ Si le alimentáis con pienso, hacedlo con la cantidad mínima posible y procurad que éste sea bajo en energía. Sólo podréis aumentar su ración una vez hayáis incrementado la cantidad de ejercicio.

❏ Muchos casos mejoran con un precalentamiento largo y suave, y un enfriamiento progresivo tras el ejercicio.

❏ Si hay alguna evidencia de una infección viral respiratoria por los alrededores, reducidle el volumen de trabajo.

❏ Algunos caballos, y especialmente las yeguas, son más propensas a las enfermedades musculares cuando se sienten estresados. Evitad este tipo de situaciones, en la medida que podáis.

❏ Intentad establecer una rutina que combine el ejercicio con el descanso en el campo.

La musculatura puede necesitar algunas semanas para restablecerse; mediante análisis de sangre, el veterinario hará un seguimiento del progreso muscular. Es de una importancia vital que el caballo no vuelva al trabajo demasiado pronto.

Descubrir el factor detonante

Algunos caballos que padecen este tipo de trastornos (agarrotamiento, rabdomiolisis debida al ejercicio o ERS) tienen una cierta tendencia a contraerlos que se manifiesta a través de uno o más factores, entre los cuales suele estar el esfuerzo físico. La dificultad reside en identificar los factores detonantes antes de que afecten a otros caballos. A menudo, existe una relación entre esta enfermedad y la dieta, la condición física del caballo y el ejercicio.

En América, se han establecido dos categorías distintas de pacientes, en función de las causas de su particular sintomatología:

❏ Algunas líneas de caballos purasangre (alrededor de un 5 %) tienden a padecer un "agarrotamiento recurrente" debido a una irregularidad en sus contracciones musculares. Éste es un problema hereditario.

❏ Otro problema muscular absolutamente distinto pero igualmente hereditario es el que se ha observado en los cuartos de milla, caballos de sangre templada y caballos de tiro, conocido como "Miopatía por almacenamiento de polisacáridos" (PSSM), y relacionado con una anormal acumulación de energía en los tejidos musculares. Lo preocupante en este caso es que no siempre es detectable mediante el análisis de sangre ordinario y que un diagnóstico definitivo requiere una biopsia muscular. La buena noticia es que, en la mayoría de los casos, el problema se controla efectivamente mediante una dieta alta en materia grasa y fibra, y baja en almidón y azúcar, y algunos ajustes en el manejo.

Heridas oculares

Si vuestro caballo tiene un ojo parcial o totalmente cerrado, significa que lo tiene herido. Las infecciones, inflamaciones o cuerpos extraños en el ojo producen dolor u otras reacciones, como enrojecimiento de las membranas adyacentes o secreciones varias. Cualquier propietario de un caballo está acostumbrado a ver pequeñas secreciones oculares a causa de las moscas en verano, o del polvo de la cama en invierno, por lo que una descarga distinta suele pasarle inadvertida.

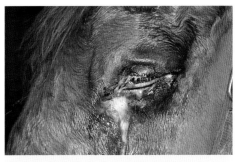

Un ojo dolorido, lloroso y cerrado, segregando descargas como ésta es una emergencia

Nunca hay que quitar importancia a un ojo herido: los ojos son insustituibles, por lo que no se debe correr ningún riesgo referente a su salud y más aún cuando algunas lesiones empeoran muy deprisa; por ejemplo, las úlceras oculares empiezan con un ojo semicerrado pero rápidamente, como resultado de una infección, provocan la pérdida de visión. Un ojo anormalmente lloroso debería ser siempre examinado por el veterinario.

El veterinario examina el ojo con ayuda de una linterna

Manejo de primeros auxilios

Para reconfortar al caballo, se pueden hacer varias cosas; no obstante, una herida ocular siempre requiere una atención veterinaria. Como medidas de primeros auxilios, haced lo siguiente:

❑ Enjugad la secreción para que no atraiga a las moscas. Aplicad un poco de Vaselina® alrededor del ojo para reducir la irritación de la piel.

❑ Si le ha entrado algún producto químico en el ojo, podéis lavárselo con abundante agua limpia. Nunca apliquéis nada más sin consultar antes al veterinario y jamás introduzcáis nada dentro del ojo con la intención de neutralizar la irritación,

pues lo más probable es que, con ello, provoquéis el efecto contrario.

❑ La irritación y las molestias oculares incitan al caballo a frotarse los ojos, lo que empeora las cosas. Una buena manera de evitarlo es protegiéndoselos con unas anteojeras; en un caso de emergencia, sostenedle la cabeza mientras llega el veterinario. Si el caballo es tranquilo, aplicadle una bolsa de hielo (¡o de guisantes congelados!) sobre varias capas de tejido suave cerca del ojo por espacio de cinco minutos para aliviarle.

❑ Si el ojo está lloroso y podéis ver la superficie

Laceración en un ojo, antes de ser intervenida

La laceración ya reparada bajo anestesia general

del globo ocular, observad si existe alguna zona nebulosa; de ser así, podría tratarse de una úlcera y necesitaría una atención veterinaria urgente.

❑ Nunca intentéis abrir un párpado cerrado; podríais dañar seriamente el ojo. Dejádselo hacer al veterinario, que empleará previamente los analgésicos adecuados.

❑ Si hay algo colgando del ojo, nunca se lo arranquéis: lo que estáis viendo podría ser parte interna del ojo que asoma como consecuencia de una herida o una perforación del mismo. Al intentar sacar un cuerpo extraño, como una crin o un trozo de paja de un ojo, podríais provocarle una pequeña incisión en la superficie ocular; si podéis hacerlo sin molestar demasiado al caballo, lavadle el contorno del ojo. En una emergencia, lo ideal es hacerlo con agua hervida y enfriada.

❑ Muchos caballos con problemas oculares son muy sensibles a la luz y se sienten mejor en un establo tranquilo y oscuro, sin polvo ni moscas.

❑ Alimentarle desde el suelo evitará que el polvillo desprendido del forraje de una red o un pesebre le irrite un ojo casi curado.

❑ Si lo que está herido es el borde del párpado, el veterinario deberá remendarlo lo antes posible para evitar posteriores complicaciones. Para ello, puede ser necesario recurrir a una anestesia general. Esperar que una herida de este tipo se cure por sí misma conlleva un alto riesgo para el ojo.

Norma de seguridad

Los productos para el tratamiento ocular se deterioran con el tiempo, así que no debéis guardarlos cuando ya no los necesitéis. ¡Los que son apropiados para un tipo de lesión, pueden ser muy peligrosos para otro! Consultad siempre al veterinario.

Emergencias de la piel

Urticaria (Sarpullido causado por ortigas o abejas)

Cuando una serie de grumitos empieza a crecer y cubrir el cuerpo del caballo, acaba aglutinándose y formando grandes zonas abultadas preocupantes. La urticaria puede afectar a todo el cuerpo o a una sola zona. Es muy parecida al sarpullido que nos invade tras tocar un manojo de ortigas y ésta puede ser la causa de la urticaria en algunos caballos que se han revolcado despreocupadamente encima de ellas.

Desde luego, la causa tiene que estar relacionada con algún tipo de alergia pero, algunas veces, no es tan evidente como la reacción cutánea a las ortigas silvestres y queda reducida a un misterio: podría ser cualquier cosa con la que el caballo haya mantenido un contacto (como el polen, lociones repelentes de insectos, alimentos o suplementos alimenticios).

Algunos animales con la piel muy fina, particularmente los purasangre, parecen realmente desquiciados tras revolcarse sobre las ortigas. Se empeñan en revolcarse más y más para aliviarse el escozor y mueven nerviosamente las patas; así pues, recordad que lo que puede parecer algo serio no es más que una irritación causada por ortigas.

Algunos casos remiten sin necesidad de tratamiento; sin embargo, deberíais consultar al veterinario bajo las siguientes circunstancias:

- ❏ si el caballo está muy alterado y parece enfermo;
- ❏ si tiene dificultad para respirar;
- ❏ si la piel alrededor de los ojos y el belfo está muy hinchada;
- ❏ si la erupción no remite en 24 horas.

Como tratamiento de estas repentinas reacciones alérgicas, los veterinarios suelen recomendar algunos esteroides para controlar la inflamación, juntamente con la supresión de la causa, si es que se ha podido identificar; en el caso de yeguas preñadas y pacientes con laminitis, el uso de esteroides no es seguro. También pueden administrarse antihistamínicos. En algunos casos, los bultos pueden persistir o recurrir.

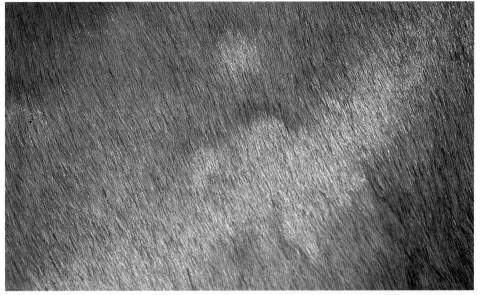

Urticaria: sarpullido parecido al que provocan las ortigas

Tiña

Algunas veces, los primeros estadios de esta enfermedad fúngica infecciosa se confunden con una urticaria. Aunque la tiña no es mortal ni constituye una emergencia, es muy importante reconocerla para evitar el contagio. La tiña puede aparecer bajo muchas formas, por lo que, en caso de duda, es conveniente examinar detenidamente cada erupción cutánea, cada roce y cada pequeña calvicie. La duda, en este caso, justifica un tratamiento de prevención que impida el eventual contagio. La tiña puede afectar tanto a caballos como a personas.

Cómo reconocerla

❑ El hongo se propaga por la superficie de la piel y alrededor de los ojos, y afecta al pelaje y la piel del caballo.

❑ Al principio, algunos mechones de pelo parecen sobresalir ligeramente porque están sobre una

Dónde buscarla

❑ En el caso de los caballos, suele aparecer en las zonas de contacto con los arreos.

❑ Los caballos jóvenes son menos inmunes y por tanto más vulnerables a padecerla.

❑ Los establos comunitarios atestados de caballos constituyen una zona de alto riesgo, especialmente durante los días fríos y húmedos

hinchazón parecida a la del sarpullido producido por ortigas.

❑ La tiña puede o no ocasionar calveros circulares grises y desconchados, con pelos rotos.

❑ Las zonas sin pelo dejan la piel descarnada e irritada.

❑ Aunque el pelaje acaba por restablecerse, la caída del pelo es un síntoma típico.

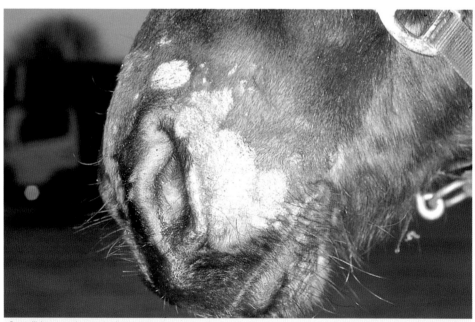

Sarpullido causado por la tiña

Qué hacer ante un brote de tiña

❑ Aislad al caballo en su box y aseguraos de que no pueda mantener contacto alguno con los demás.

❑ Para evitar el riesgo de esparcir las esporas, no lo cepilléis ni esquiléis.

❑ Tampoco lo montéis para no propiciar el contagio y evitar que los arreos le irriten la piel.

❑ No compartáis sus arreos, mantas ni equipo de aseo.

❑ Pedid al veterinario que examine a cualquier otro sospechoso. Posiblemente, podrá diagnosticar la enfermedad a simple vista, pero también es probable que necesite recurrir a algún análisis de laboratorio.

❑ La tiña es una de las pocas enfermedades que podéis contraer por contagio. Si vuestro caballo tiene la piel irritada y os véis afectados por una urticaria, consultad al médico.

Cómo se contagia

La tiña se contagia tanto por contacto directo como a través de los artículos relacionados con el caballo afectado (equipo de limpieza, arreos, cubos o mantas). Esta enfermedad infecciosa produce unas esporas que pueden resistir camufladas en la madera, en estado latente, durante más de un año. Los establos y el vallado, pues, pueden estar contaminados, lo que explica cómo un caballo puede haberse infectado si se le ha asignado una cuadra vacía y limpia. Lo mejor es no compartir en absoluto ningún tipo de arreo, especialmente las cinchas que, cuando están húmedas y sudadas, son un vehículo de transmisión ideal.

El período de incubación normal de la tiña es de entre una y cuatro semanas. En muchos casos, si no se interviene, la tiña desaparece por sí sola; sin embargo es recomendable tratarla para evitar que se propague y contamine el entorno.

Cómo controlarla

El primer objetivo es eliminar el hongo, normalmente a base de duchas con medicamentos; el segundo, es destruir las esporas para reducir la contaminación ambiental. Los establos deben limpiarse a conciencia y las camas sucias deben ser quemadas. Hay que desinfectar las mantas, vallas y todo cuanto haya estado en contacto con el animal enfermo.

Algunas caballerizas no hacen nada –e incluso permiten que los caballos se interrelacionen en la llamada "fiesta de la tiña"– con la intención de que la enfermedad lo invada todo, pero eso no es lo ideal porque aunque algunos caballos puedan volverse inmunes, sólo lo serán durante ese brote de epidemia concreto.

Mordeduras y picaduras

Ambos casos constituyen posibles emergencias y se delatan por la hinchazón de las partes afectadas, que normalmente son o el hocico o las extremidades. Las picaduras de serpiente suelen provocar grandes hinchazones, particularmente si afectan a la nariz, y propician una obstruccción respiratoria. Este problema es mayor cuanto más caluroso es el clima.

En EE.UU., la picadura de la viuda negra (una araña) causa fiebre y una dolorosa inflamación parecida a la de la mordedura de la hormiga roja que habita en el sureste del país. Las picaduras de abeja son algo mucho más común y se identifican por el edema circular, muchas veces con el aguijón (que hay que intentar extraer) todavía clavado en su centro.

Qué hacer ante este tipo de emergencias:

❑ Aplicad frío para reducir la hinchazón.

❑ Si puede hacerse fácilmente, intentad extraer el aguijón de una abeja. Usad bicarbonato sódico para calmar una picadura de abeja, y vinagre para las de avispa.

❑ Si la inflamación se extiende, avisad al veterinario para que administre un antiinflamatorio y un analgésico al caballo.

❑ Dados el tamaño del paciente, el riesgo de reacciones adversas y el tiempo que suele transcurrir entre el incidente y su descubrimiento, raramente se administran antídotos contra el veneno de las serpientes.

Tétanos

Las toxinas producidas por la bacteria del tétanos son las causantes de esta enfermedad
mortal. Los microbios están esparcidos por el
suelo e infectan las heridas: se introducen en el
cuerpo del caballo aprovechando el descenso
de las defensas de cualquier herida en el casco,
la piel o las membranas. En algunos casos,
penetran por heridas tan minúsculas que ni
el propietario había advertido. La vacunación
periódica previene totalmente la muerte por
su causa, por lo que se recomienda encareci-
damente para caballos y las personas que los
manejan. Los caballos son particularmente vulnerables a esta desagradable enfermedad que
causa terribles y traumáticos dolores y que, la
inmensa mayoría de las veces, resulta fatal.

Síntomas del tétanos

Tras un período de incubación de una a cuatro
semanas, las toxinas producidas por los microbios
del tétanos alcanzan el cerebro, que lanza confusas
señales de rigidez muscular. Los típicos síntomas de
la enfermedad son:

❑ El bloqueo de los músculos de la mandíbula dificultan las funciones de masticar y beber.
❑ La musculatura sufre espasmos e imposibilita el
movimiento al caballo: al principio, empieza con
una simple rigidez, pero acaba postrado en el suelo.

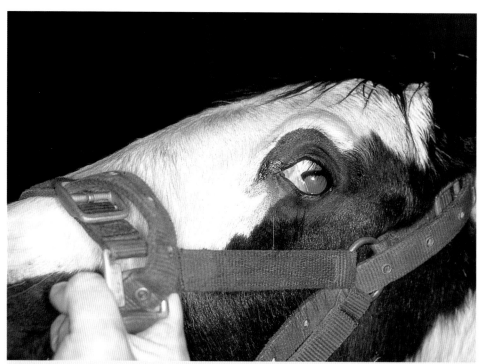

Evidencia del tercer párpado en un caso de tétanos

Este potro con tétanos sostiene la comida en la boca, pero es incapaz de tragarla

- ❑ La comida y el agua rebosan por los ollares, porque los músculos implicados en las funciones de masticar y tragar fallan.
- ❑ La tensión de los músculos próximos a los labios provoca una especie de sonrisa desdeñosa.
- ❑ El tercer párpado aparece como un triángulo blanco sobre el globo ocular (ver foto izquierda).

- ❑ Un extraño sonido sordo es otro de los preocupantes síntomas.
- ❑ Los caballos infectados mueren con angustiosas convulsiones o por la parálisis de la musculatura respiratoria. Es una muerte desagradable; ningún propietario que la haya observado repetirá la experiencia ni olvida vacunar a sus caballos.

Qué hacer

La respuesta evidente es evitar la infección vacunándoos a vosotros mismos, y a vuestros caballos y ponis. La vacuna tiene un margen infalible de seguridad y efectividad; es cara, pero una vez os hayáis vacunado, sólo necesitaréis un recordatorio cada dos o tres años, dependiendo del consejo del médico / veterinario y de la incidencia que tenga esta enfermedad en vuestra zona.

Si descubrís una herida en un caballo no vacunado, vuestro veterinario le administrará una toxina antitetánica que le proporcionará una protección inmediata frente a la infección del tétanos. Esta inyección no es la vacuna real, pero os sacará del apuro. La meticulosa higiene de cualquier herida también reduce el riesgo de exposición a la enfermedad.

El hecho de que el tétanos requiera un período mínimo de incubación de una semana implica que va-

cunar a un caballo contra él no justifica una llamada de emergencia a media noche. Sin embargo, sí debéis contactar con el veterinario a la mañana siguiente.

De todas las enfermedades, ésta es la más barata y fácil de prevenir, pero también la más costosa, traumática y a menudo imposible de curar.

Pronóstico

Si el caballo es capaz de beber y tenerse en pie, la probabilidad de recuperación, con un manejo adecuado, es bastante buena. Sin embargo, una vez el caballo se ha echado en el suelo, en el 75 % de los casos, morirá. Recordad que restablecerse del tétanos no protege al caballo de la enfermedad y que cualquier superviviente equino debe ser igualmente vacunado con regularidad.

Hemorragias nasales

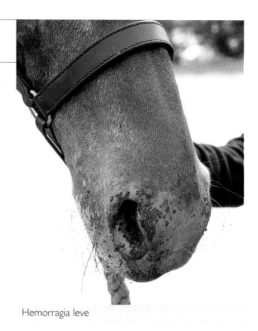

Las hemorragias nasales (propiamente llamadas "epistaxis") en los caballos suelen estar provocadas por contusiones en la cabeza. Una hemorragia leve en uno de los ollares –insuficiente para llenar una taza de té y que remite en menos de 15 minutos– probablemente no sea nada serio, aunque deberíais comentárselo al veterinario si tuviera carácter recurrente.

Una hemorragia moderada acompañada de tos sugiere que puede haber un cuerpo extraño alojado en la nariz o la garganta. Esto, o una hemorragia abundante, sí es una emergencia y debéis contactar con el veterinario inmediatamente, sobre todo si el caballo está inquieto.

Hemorragia leve

Causas de las hemorragias nasales

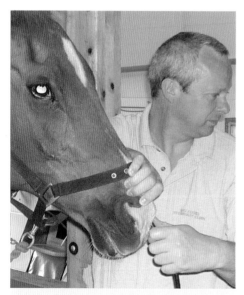

Endoscopia practicada mediante un videoendoscopio. El veterinario introduce el tubo por uno de los ollares mientras observa la imagen en un monitor de televisión

❑ La causa de una pequeña hemorragia que no remite puede no ser identificada nunca, pero si se convierte en recurrente o persistente, el veterinario sugerirá practicar una endoscopia (examinación de las estructuras internas mediante un instrumento flexible que le permite ver lo que está pasando ahí dentro).

❑ También es probable que proponga radiografías para comprobar si hay algún trauma en el cráneo.

❑ Para reconocer a un caballo con una profusa hemorragia, puede que haya que trasladarle a un hospital con el instrumental y personal especializados y listos para operar si fuera necesario.

❑ Hay algunos trastornos escasos pero serios por los que una hemorragia leve empeora de repente (como una micosis en una o ambas bolsas guturales); así que siempre que observéis una hemorragia seria o persistente, haced examinar al caballo con la mayor brevedad posible.

❑ Un reconocimiento en el hospital no significa necesariamente que el caballo deba ser operado; sólo que es el lugar idóneo para poder emitir un diagnóstico y determinar un plan de curación.

Qué hacer

- ❑ Ante una hemorragia hay que mantener al caballo lo más tranquilo posible.
- ❑ Nunca hay que taponar un ollar al caballo, pues lo necesita para respirar y eso sólo empeoraría la situación.
- ❑ Si la sangre procede del interior de la nariz, aplicad una bolsa de hielo o una toalla empapada de agua fría justo por debajo de los ojos.
- ❑ Recordad que los caballos son unos animales de una gran embergadura física y que su cuerpo contiene mucha sangre, por lo que, lo que puede parecer una hemorragia significativa raramente es crítica. No obstante, ninguna hemorragia debería durar más de un cuarto de hora; si lo hiciera, contactad con el veterinario. A ser posible, indicadle si la hemorragia emana de uno de los ollares –lo que significa que proviene del interior del hocico– o de ambos, lo que implica que procede de algún otro lugar más alejado.

Sacudidas de cabeza

En realidad, raramente constituye una crisis que requiera una intervención inmediata; sin embargo, que vuestro caballo empiece repentinamente a sacudir la cabeza, puede resultar desconcertante.

Las sacudidas de cabeza pueden tener varias causas, muchas de las cuales no acabamos de entender. Sea como sea, si un caballo empieza a sacudir violentamente la cabeza, puede estar manifestando que algún tipo de insecto le ha mordido o picado, o que un cuerpo extraño se le ha atrancado en algún lugar del cuerpo –como por ejemplo en la nariz–; pero es poco problable que esa sea la verdadera razón. Se ha demostrado que la mayoría de estos casos responden a algún tipo de alteración nerviosa, algunas veces propiciada por una influencia externa, como una luz muy brillante, polen o una infección vírica que le causa dolor o irritación.

Qué hacer

- ❑ Dejad de montarle: la mayoría de estos caballos dejan de sacudir la cabeza cuando descansan en el establo o en el campo, pero retoman esa actitud una vez se les ha calentado para trabajar.
- ❑ Montadle con una de esas redes nasales especialmente diseñadas para acabar con su cabeceo. Actualmente, en el mercado existen varios productos de este tipo y para este mismo fin.
- ❑ Intentad montarle a diferentes horas del día y en distintos lugares, donde quizás no exista lo que le causa el nerviosismo.
- ❑ Si las sacudidas de cabeza persisten, consultad al veterinario. Desafortunadamente, no es fácil dar con la causa ni con la cura de este trastorno.

Red nasal diseñada para acabar con las sacudidas de cabeza

Golpe de calor

El golpe de calor asociado al sobreesfuerzo es algo muy frecuente en países húmedos y calurosos y afecta particularmente a caballos insuficientemente alimentados, con sobrepeso o con una capa muy fina. Cuando un caballo suda, pierde gran parte del agua y los electrolitos (o sales corporales) de su cuerpo. Si no se reemplaza ninguno de estos dos constituyentes, el caballo empieza a deshidratarse y su estado físico se deteriora. Si un jinete no es capaz de detectar los primeros síntomas de cansancio de su caballo y parar, puede ocasionarle problemas peores como un fluter, lesiones musculares o un golpe de calor.

Administración de electrolitos a un caballo de raid

Fluter

Este trastorno corresponde al también llamado "golpe del ijar". Consiste en una especie de espasmo diafragmático asincrónico, por el que los flancos del caballo se estremecen y emiten un sonido seco. Es frecuentemente observable en caballos de raid e indica que el animal está padeciendo un desequilibrio electrolítico. El adecuado tratamiento veterinario intravenoso reequilibrará esta descompensación metabólica y restablecerá rápidamente sus valores normales.

Lesiones musculares

Algunas lesiones musculares, como el agarrotamiento o la azoturia, provocan desequilibrios electrolíticos más serios; el caballo puede mostrar cierta rigidez y negarse a caminar hasta quedar totalmente paralizado.

Golpe de calor

El golpe de calor irrumpe cuando el caballo está muy acalorado y su propio "sistema refrigerante" no restablece su temperatura corporal normal. Si no se le ayuda rápidamente, se desencadena la fatídica combinación del golpe de calor con la deshidratación, conocida como el **síndrome del caballo exhausto.**

Todas estas coyunturas son potencialmente muy graves, por lo que el caballo afectado necesita un tratamiento agresivo. Es muy recomendable

❑ que busquéis inmediatamente la ayuda veterinaria y
❑ que intentéis evitar que el caballo se acalore, agote y deshidrate.

Medidas preventivas

Asegurar el acceso del caballo al agua

Generalmente, un caballo bebe más agua de la que necesita. La cantidad exacta de agua que toma al día depende de la humedad que contenga su dieta, del ejercicio que haga y de las condiciones climáticas con las que conviva. En unas condiciones calurosas y húmedas el caballo necesita aumentar la ingesta de agua, al menos cuatro veces; de ahí el riesgo al que le expone una deshidratación.

Reconocer la deshidratación

Un nivel relativamente bajo de deshidratación puede afectar su rendimiento. Tradicionalmente, la deshidratación se comprueba pellizcando suavemente un par de centímetros de piel de la espalda y después soltándola; en un caballo sano, el pliegue cutáneo vuelve rápidamente a la normalidad. En realidad, incluso en un caballo normal, el pliegue puede persistir algo más de lo esperado. Un caballo tiene que estar seriamente deshidratado para que este test del pellizco dé positivo de un modo evidente.

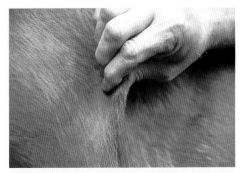

El test del pliegue cutáneo puede resultar engañoso

El rendimiento del caballo se ve alterado según el nivel de deshidratación que acuse la prueba del pliegue cutáneo; no obstante, no hay que renunciar a comprobar otras señales como encías secas o pegajosas o, en casos muy severos, un pulso débil o acelerado, unos ojos hundidos y unas extremidades frías.

La existencia de un problema puede no ser tan obvia, especialmente si consideramos que algunos caballos sudan menos que otros.

Ofrecerle fluidos y electrolitos a la mínima ocasión

Hay que permitirle tomar pequeños sorbos mientras trabaja y no negarle el agua antes de la competición. Normalmente, la dieta habitual del caballo le proporciona el agua y los electrolitos necesarios; pero mientras compite esta oportunidad queda anulada. Rehidratándole sólo con agua, estamos diluyendo sus fluidos corporales y rompiendo el equilibrio de sus electrolitos. Hoy en día, se sabe que los electrolitos, especialmente el sodio, son muy necesarios para recuperar a un caballo extenuado, particularmente si no ha bebido más que agua.

Esto es algo largamente reconocido por los atletas humanos; de ahí el gran mercado que rodea a las bebidas para deportistas. Los atletas equinos también pueden beneficiarse del equivalente, de manera que existen múltiples preparados orales con electrolitos especialmente concebidos para ellos. Es muy importante que se los suministremos en la concentración adecuada y que nos aseguremos de que los toma.

Cuándo hay que dar electrolitos

Para un caballo, almacenar para un futuro más electrolitos de los que necesita es imposible, por lo que no sirve de nada darle una ración extra ¡a menos que le encanten! Si parece necesitarlos, se le puede ofrecer una pequeña cantidad antes de que comience la competición para asegurarnos de que está bien hidratado antes de empezar.

En condiciones normales, un caballo adulto con una dieta adecuada recibe suficientes electrolitos de un forraje de calidad, de los bloques de sales y minerales prefabricados y de las mezclas de piensos especiales. Los caballos que sudan en exceso pueden necesitar una pequeña cantidad de sal (aproximadamente un 1%) añadida a su ración diaria. Tras un gran esfuerzo por el que el caballo ha sudado mucho, normalmente basta con darle un suplemento con electrolitos con cuyo sabor esté previamente familiarizado.

Puede ocurrir que, al añadir electrolitos al agua, el caballo la rechace. Los profesionales suelen añadir zumo de manzana al agua para enmascarar su sabor; también puede usarse una compota de manzana para ofrecérselos en forma de pasta. Si se entrena en este aspecto a los caballos antes de la competición, lo aceptarán sin problemas cuando necesiten un suplemento especial.

Refrescar al caballo

Un caballo con una temperatura corporal muy elevada necesita ser enfriado rápidamente.

❏ Empezad quitándole todas las mantas superfluas.

❏ Si tiene una temperatura verdaderamente alta en un día caluroso, bañadle con una esponja empapada con agua fresca, pero no fría. Insistid en la zona de detrás y entre las orejas, la frente, la parte inferior del cuello por donde pasa la yugular, el tórax y el maslo. Evitad mojarle con agua helada (como con una manguera, por ejemplo) en el dorso y los posteriores, ya que ello podría reducir el riego sanguíneo en esas masas musculares y aumentar el calor corporal interno.

❏ Colocadle a la sombra, a ser posible en una zona aireada o frente a un ventilador.

Cómo se refresca a un caballo

Cómo evitar el golpe de calor

Aunque el golpe de calor es un problema más habitual en caballos de competición, puede afectar a cualquiera:

❏ Recordad que los pronósticos climatológicos consideran la temperatura ambiental en la sombra, de manera que un caballo a la intemperie, sin sombra ni refugio y una cantidad de agua limitada, también puede sufrir, especialmente si tiene una capa oscura y/o sobrepeso, pues absorberá el calor con más facilidad.

❏ Los caballos que viajan o esperan en el van o, peor aún, en un trailer, sufren enormemente, sobre todo si se les priva del agua.

❏ En casa, no dejéis nunca a un caballo encerrado en un tórrido y mal ventilado establo en un día caluroso.

Cómo obligar a beber a un caballo...

Siempre se puede animar a un caballo a beber. Durante un viaje, remojarle el forraje y el pienso es la manera más fácil de darle agua "a bordo".

Paradójicamente, un caballo exhausto y deshidratado puede no tener sed. Si no bebe, el veterinario puede administrarle fluidos mediante una sonda estomacal que se introduce por los ollares hasta el interior del estómago, para suministrarle a la vez agua y electrolitos. Algunas veces este proceso es dificultoso y causa una pequeña hemorragia nasal. En un caballo muy enfermo, los fluidos pueden estancarse en el intestino; en ese caso, la mejor opción es administrárselos por vía intravenosa.

Un caballo muy enfermo o deshidratado necesita que los fluidos vayan directamente a su circulación sanguínea mediante un catéter esterilizado que normalmente se inserta en la principal vena yugular del cuello (ver foto a la derecha). De esta manera, se le pueden suministrar grandes volúmenes de fluidos y electrolitos. Existen bolsas de fluido, ya preparadas, de 5 litros (diez veces el volumen que se administra a una persona enferma en el hospital). En los humanos, estos fluidos se administran muy lentamente; a los caballos se les puede inocular una gran cantidad rápidamente. Algunas veces, se les introduce más de 80 litros en un solo día. Los fluidos intravenosos pueden salvar la vida de un caballo deshidratado.

El parto

La mayoría de los potros nacen de un modo natural, sin necesidad de intervención humana. La incidencia de partos problemáticos –distocia– es baja (menos de un 4 %), pero si las cosas se tuercen, una asistencia rápida y efectiva es vital. La mejor manera de reducir riesgos durante el parto es contar con la atenta observación de un profesional que intervenga si fuera necesario. Si no tenéis experiencia en el tema, os será difícil distinguir lo normal de lo anormal. Generalmente, los propietarios que dudan de sus conocimientos de obstetricia envían a sus yeguas a parir en manos experimentadas o se las arreglan para tenerlas cerca.

¿Cuándo nacerá el potro?

La respuesta es simple: ¡no cuando lo esperéis! Las yeguas raramente alumbran cuando les toca y hay que observarlas varias semanas antes de la fecha prevista. La duración estimada de la gestación de una yegua es de 352 días, pero el margen variable va de los 320 a los 365 días. Una manera fácil de recordarlo es 11 meses y 4 días, aunque algunas yeguas tardan más en dar a luz sin sufrir grandes problemas.

Emergencias previas al parto

❑ Uno de los incidentes más desconcertantes es cuando la yegua preñada pierde el potro. Sorprendentemente, en la mayoría de los casos, la madre no parece preocupada en absoluto pero el propietario se angustia porque no sabe qué hacer. En primer lugar, hay que comprobar si la yegua ha perdido uno o dos potros. Los "gemelos" son una de las principales razones por las que un embarazo se interrumpe. Normalmente, el aborto se produce entre los 7 y 8 meses o bien los potros nacen muy pequeños o muertos. El motivo por el que el número de gemelos vivos es tan bajo es por la competencia que supone el tamaño de la placenta.

❑ Aislad a la yegua que ha abortado y evitad que otras yeguas preñadas se le acerquen; por supuesto, deshaceos del potro muerto y de su placenta. Esto es algo muy importante porque los agentes infecciosos (como el virus del herpes equino) pueden invadir parte del espacio y contaminar a las demás yeguas preñadas, haciéndoles perder también a ellas sus potros.

❑ Contactad con el veterinario, pues siempre es bueno, a ser posible, saber la causa del aborto para tomar futuras medidas preventivas.

Preparativos del parto

Hay que cuidar a las yeguas durante todo el embarazo para optimizar las posibilidades de obtener un potro sano. Este especial programa del manejo debe incluir:

❑ una alimentación adecuada, pero no excesiva;
❑ un control parasitario impecable;
❑ vacunar a la yegua antes de que dé a luz para asegurar que su calostro contendrá todos los anticuerpos necesarios;
❑ trasladarla al lugar donde parirá seis semanas antes de la fecha prevista; ello hará que se familiarice con el nuevo entorno y que su calostro contenga los anticuerpos necesarios para proteger al potro de las infecciones locales.

Facilidades para el parto

Idealmente, las yeguas deberían alumbrar en un box especial para partos –de al menos 3 × 3 m para una yegua purasangre– bien ventilado, pero sin corrientes de aire. La cama debe ser abundante, preferentemente de paja de buena calidad, y estar exenta de polvo. La cuadra tiene que estar ubicada en un lugar de fácil acceso para la observación nocturna. Mantener una luz tenue en el box durante toda la noche es mejor que estar continuamente encendiendo y apagando las de la caballeriza. Hay que tener a mano un botiquín de primeros auxilios con:

❑ un vendaje de cola para la yegua;
❑ cubos y toallas limpios;
❑ un antiséptico, como por ejemplo povidona;
❑ unas tijeras esterilizadas.

Todo el instrumental tiene que desinfectarse en agua hirviendo y guardarse en bolsas de plástico selladas.

Preved algo de leche, por si acaso. Algunos veterinarios equinos y yeguadas dedicadas a la cría prevén sustitutos de la leche y el calostro maternos para poder afrotar cualquier complicación al respecto.

Cómo vigilar a la yegua parturienta

Durante los últimos estadios del embarazo, y en particular a medida que la fecha del parto se acerca, hay que vigilar de cerca a la yegua, pero sin molestarla. Algunos cambios físicos que indican que se acerca el momento son:

❑ El desarrollo de las glándulas mamarias. Durante el último mes del embarazo aumentan de tamaño y a lo largo de las dos últimas semanas experimentan un cambio notorio.
❑ Los ligamentos pélvicos se relajan.
❑ La vulva empieza a alargarse.
❑ Justo antes de dar a luz, las ubres se hinchan mucho y en los pezones aparece una secreción parecida a la cera; estos cambios delatan que el alumbramiento tendrá lugar dentro de entre 1 y 4 días. Algunas veces, la yegua empieza a segregar la leche antes de que nazca el potro, con lo que gran parte de la primera toma –que contiene el calostro– se echa a perder acortando la ración del potrillo y poniéndole en peligro. En ese caso, habrá que suministrar un calostro extra al neonato, ya sea en forma de un suplemento deshidratado o precongelado, y cuidarle especialmente durante sus primeros días de vida.

En el momento del parto, las reacciones que exteriorizan las distintas yeguas son muy variadas: algunas parecen no inmutarse y lo primero que percibe el propietario ¡es el potrillo junto a su madre! Para aho-rrarse las numerosas visitas en persona, y muy posiblemente durante semanas enteras, hay varios sistemas:

❑ Existe un instrumental a la venta que permite medir la concentración de electrolitos de la yegua preñada a través de las secreciones de las ubres. Cuando la cantidad de calcio en la leche supera los niveles normales, más del 95 % de las yeguas parirán dentro de las 72 horas siguientes.
❑ También hay varios sistemas de alarma, como un pequeño transmisor que se adhiere a la vulva de la yegua; cuando ésta empieza a empujar las membranas fetales a través de la vulva, se dispara la alarma. La desventaja está en que la alarma sólo suena una vez que la yegua ha empezado a parir, por lo que el asistente deberá estar ya cerca.
❑ Otro sistema de alarma consiste en un mecanismo que se pega al cuerpo de la yegua y avisa cuando ésta empieza a sudar debido a las contracciones. El inconveniente reside en que si la yegua no suda, la alarma no se activa.
❑ Un circuito cerrado de televisión es el recurso quizás más empleado, pero como el parto de las yeguas es muy rápido (algunas veces quince minutos o incluso menos), no se le puede quitar ojo de encima. La mayoría de las yeguas paren durante la noche porque prefieren hacerlo en un ambiente tranquilo; si se las inoportuna, suelen retrasar el parto.

Las tres etapas del parto

El parto es un proceso continuo pero, para referirnos mejor a él, podemos dividirlo en tres momentos.

LA PRIMERA ETAPA

Dura de una a cuatro horas, y empieza con las primeras contracciones. En este intervalo de tiempo, el potro se mueve dando vueltas sobre sí mismo y extiende las manos y la cabeza. Este proceso no suele extenuar a la yegua, aunque sí puede mostrarse inquieta mediante los siguientes signos:

- ❑ parece desasosegada y exterioriza unos síntomas parecidos a los del cólico (se mira los costados, sacude la cola y se tumba y se levanta continuamente);
- ❑ algunas partes de su cuerpo empiezan a sudar (los flancos, el cuello y entre los codos);
- ❑ bosteza.

Al final de esta primera etapa el cérvix está completamente dilatado; las membranas se rompen y pierden varios litros de fluido (es lo que normalmente se conoce como "romper aguas"). Cuando la yegua está llegando al final de esta primera etapa, es cuando hay que vendarle la cola y limpiar y secarle la zona alrededor de la vulva.

LA SEGUNDA ETAPA

Esta segunda etapa llega muy precipitadamente: la yegua empieza a contraer el abdomen y/o aparece la membrana que contiene al potro. En este momento, la yegua suele recostarse hasta que nazca el potro; desde que rompe aguas hasta el nacimiento del potrillo pueden pasar menos de 25 minutos.

- ❑ Muy pronto, por la vulva aparecerán la membrana de la placenta exterior y el saco amniótico (una membrana transparente de un color blanco-azulado). Los fluidos y una de las extremidades del feto deben verse claramente. Las contracciones deben continuar regularmente hasta que aparezcan las

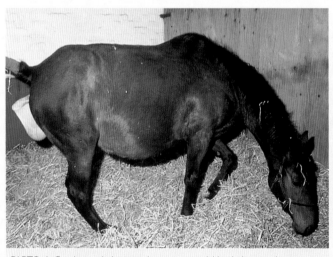

PARTO: 1. Comienzo de la segunda etapa y aparición de las membranas mientras la yegua se echa en el suelo

PARTO: 2. Presentación normal a través de las membranas

dos manos del potro, normalmente separadas unos 10 cm la una de la otra. El hocido debería asomar en breve.

❏ El momento de mayor esfuerzo de la yegua es cuando expulsa la cabeza del potrillo; el paso del pecho y la grupa le resulta relativamente más fácil. Mientras la cabeza y el pecho salen a través de la pelvis, la bolsa amniótica debería rajarse. Si fuera necesario, se puede ayudar a la madre tirando suavemente de las manos del potro. Algunas veces también es útil rasgar la membrana para que el potro pueda respirar.

❏ El potro tiene un cordón umbilical bastante largo que permanece intacto tras el nacimiento. A ser posible, hay que mantenerlo así durante varios minutos para favorecer la circulación sanguínea del recién nacido. En este momento, hay que tener mucho cuidado en no molestar a la yegua para evitar que se levante y rompa el cordón umbilical. El cordón se rompe por sí solo, cuando el potro y su madre empiezan a moverse (a los 15 minutos, aproximadamente) después del alumbramiento.

❏ Una vez se ha roto, hay que comprobar que el muñón no sufra ninguna hemorragia y desinfectarlo con clorhexidina diluida (Hibiscrub®). Normalmente, el cordón no se anuda para evitar infecciones. Durante los primeros días, hay que desinfectar el ombligo en varias ocasiones. Si la madre sigue echada tras el parto, hay que apartarle un poco al potro para minimizar el riesgo de que lo pise cuando se incorpore. En toda esta etapa, debemos limitar al máximo nuestra "inquietante" presencia.

LA TERCERA ETAPA

La tercera etapa comprende la expulsión de la membrana fetal o placenta y es la coloquialmente conocida como "el segundo parto"; no debería durar más de tres horas.

os manos y el hocico ya visibles

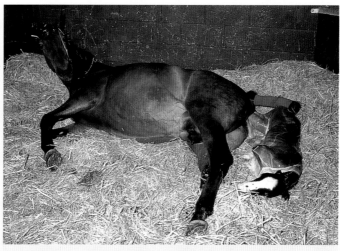

PARTO: 3. El potro rompe la bolsa con sus movimientos pero el cordón umbilical permanece intacto tras el alumbramiento

Identificar problemas

Si el proceso no avanza o se prolonga demasiado, nuestra rápida intervención puede ser definitiva para salvar las vidas de la yegua y su potro. Los problemas por parte del potro pueden ser:

- ❏ que esté atravesado;
- ❏ que tenga doblada una de sus extremidades (mala presentación); es algo bastante frecuente en potros que tienen las patas y el cuello muy largos. También puede deberse a problemas relacionados con la madre, como que no haya empujado lo suficiente o, menos probable, que tenga una cadera demasiado pequeña.

Las principales razones por las que una distocia puede ser muy peligrosa son tres:

- ❏ La yegua seguirá empujando y esforzándose aunque el potro esté atravesado, lo que puede acarrearle una rotura del útero asociada a una peritonitis y una hemorragia mortal.
- ❏ Puede que la placenta se rompa inesperadamente y el potro muera asfixiado por falta de oxígeno.
- ❏ Tras un parto con distocia, la yegua puede retener la placenta y sufrir graves consecuencias si no se la trata.

Las claves para detectar que algo no anda bien incluyen:

- ❏ Que la bolsa de líquido amniótico que rodea las extremidades y el hocico del potro no aparezca a los pocos minutos de que la yegua haya roto aguas.
- ❏ Que, al inicio de la segunda etapa, el rojo y aterciopelado alantocorion asome por los labios de la vulva, sin que haya ninguna aparente pérdida de fluidos. En este caso, hay que abrirlo rápidamente para permitir el paso del potro; un parto de estas características se denomina "parto por liberación de la placenta".
- ❏ Que la yegua empuje insistentemente sin ningún resultado.
- ❏ Que deje de empujar durante intervalos largos de tiempo, una vez el amnion haya aparecido.
- ❏ Que la yegua se tumbe y se levante continuamente y se revuelque de un lado a otro.
- ❏ Que el potro quede atrapado en la cadera, una vez haya asomado la cabeza, las patas y el pecho.

En un potencial caso de dystocia hay que avisar al veterinario tan pronto como se haya identificado el problema. No hay tiempo que perder y siempre es mejor buscar ayuda con mucha antelación que con mucha demora. No está de más avisarle en el mismo momento en que la yegua se pone de parto. Si la yegua está tumbada y empujando fuerte y el potro no aparece en 20 minutos, necesitaréis una ayuda veterinaria inmediata. En el caso poco probable de que el potro estuviera atravesado, el veterinario puede aconsejaros que intentéis levantarla y hacerla andar por el box para evitar que siga empujando hasta su llegada.

Una anormal liberación de la placenta en una yegua que está en pie

Problemas del postparto

Por desgracia, los imprevistos no acaban en cuanto la yegua ha parido a su potro; ciertamente, el proceso global de la reproducción está cargado de posibles emergencias caras y complicadas, como una retención de placenta, cólicos, mastitis y metritis.

Retención de la placenta

Es una complicación común en la que la yegua no pasa el "segundo parto". Entre un 2 y un 10% de las yeguas no expulsan la placenta o parte de ella durante las tres horas posteriores al parto.

Si la placenta es retenida durante más de tres horas, llamad al veterinario.

Si sigue sin aparecer al cabo de seis horas, consideradlo como una potencial emergencia de vida o muerte.

Una placenta retenida es como una puerta abierta para que cualquier infección pueda apoderarse de la madre. Si no se la trata rápidamente, la infección puede afectar tanto a la madre como al potro. Algunas yeguas se recuperan bastante bien de una retención de placenta, mientras que a otras les provoca la muerte. Es una emergencia peligrosísima para yeguas de razas grandes porque, en su caso, la laminitis se convierte en una complicación habitual. Recordad esto: cuanto mayor sea el caballo, más serios serán los problemas y más rápidamente habrá que atajarlos.

Cómo reconocerla

Si la placenta cuelga de la vulva de la yegua, el problema es evidente. Pero si se ha rasgado, parte de ella puede seguir oculta en el interior de su cuerpo. Por esta razón, es una buena idea extender las membranas tras el parto y comprobar que no les falta ningún trozo. Si no estáis seguros de que estén enteras, pedid al veterinario que lo compruebe. La placenta tiene una forma parecida a una "Y" con un claro agujero por el que ha salido el potro. Puede que la madre la haya pisado y presente otros agujeros; recojed todos los trozos y recomponed el "rompecabezas".

Algunas veces no se encuentra la placenta porque

Cómo examinar la placenta

se ha escurrido y sigue dentro del cuerpo de la madre. Si es lo que ha ocurrido, una extraña segregación turbia puede indicarlo.

Si al cabo de un par de días de parir la yegua se pone enferma, tiene fiebre, no come, está deprimida o sufre una laminitis, hay que sospechar que ha retenido parte de la placenta y hay que avisar al veterinario urgentemente.

Qué podéis hacer vosotros

❑ Si estáis preocupados por alguna razón –por ejemplo, si la yegua no ha expulsado la placenta en tres horas–, llamad al veterinario.

❑ Si la placenta ha quedado colgando, podéis anudársela por encima del corvejón. El contacto de la placenta en sus patas suele alarmar a las yeguas y hacer que coceen con el consecuente peligro para el potro.

❑ Nunca tiréis de la placenta en un intento por ayudar a la yegua a expulsarla; podríais rompérsela y causarle una hemorragia.

❑ Si la placenta colgante está prácticamente desenganchada, se puede probar a darle un suave giro y tirón; sin embargo, nunca hay que tirar de ella con demasiada fuerza.

❑ Animad al potro a que mame; con ello estimularéis el cuerpo de la madre a producir las hormonas que contraen la matriz y la ayudaréis a expulsar la placenta.

❑ Hacerla caminar tranquilamente durante 5 minutos también puede ayudar.

Qué puede hacer el veterinario

Esto dependerá de cada caso concreto; no obstante, la mayoría responderán a inyecciones de oxitocina, que estimulan las contracciones para expulsar la placenta. Este medicamento también se administra a menudo mediante un gotero intravenoso. En algunas ocasiones, el veterinario necesitará distender la placenta con fluidos que ayuden a expulsarla. También suelen recetarse antibióticos y antiinflamatorios con mesura, para reducir el riesgo de laminitis.

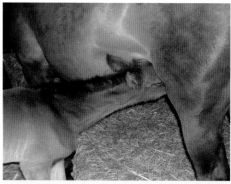

Animad a mamar al potro

Otras emergencias del postparto

Hay otras muchas complicaciones post-parto que requieren una atención veterinaria urgente; entre ellas, el prolapso uterino, el cólico, la mastitis y la metritis.

Prolapso uterino

En ocasiones y tras el parto, la yegua empuja hasta sacar todo el útero o matriz. Afortunadamente esto casi nunca pasa, pero si ocurre llamad al veterinario cuanto antes. Los primeros auxilios que podéis prestar consisten en controlar a la yegua y, a ser posible, cubrir el órgano con una sábana o toalla suaves para evitar que se lesione. Para reducir la hinchazón, conviene sostener el órgano a la altura del maslo. Para ello necesitaréis mucha ayuda porque es un órgano pesado que precisa las manos de dos personas, y a otras dos que estén pendientes de la yegua y del potro.

Cólico

Los signos de cólico evidentes en una yegua recién parida son muy serios, pues suelen indicar una hemorragia interna. Normalmente están propiciados por la redistribución de las entrañas maternas en el hueco que ha dejado el potro y pueden requerir una intervención quirúrgica.

Mastitis

Es una infección de las ubres maternas.

Metritis

Es una secreción vaginal que delata una infección. Normalmente llega asociada a un parto difícil o a una retención de la placenta. Para curarla, es necesario un fuerte tratamiento veterinario.

El manejo de la yegua y su potro

Todo el estrés del parto se ve más que recompensado con la llegada de un potrillo sano. Sin embargo, no son pocos los problemas que pueden acompañar a su crecimiento y afectar considerablemente a su futura salud. Observarle atentamente y manejarle adecuadamente desde el primer día, es vital.

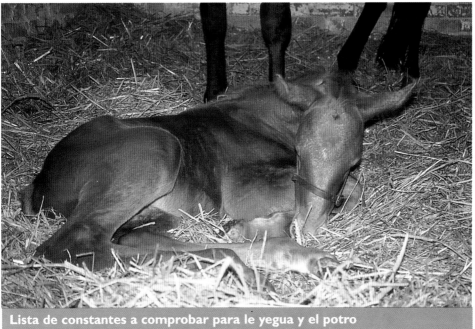

Lista de constantes a comprobar para le yegua y el potro

Un potro no es un caballo adulto en miniatura, sino un animal recién nacido en pleno proceso de adaptación a la vida en un mundo nuevo y enorme. Madre e hijo deben someterse a un control veterinario postnatal, pero hay algunas cosas que vosotros mismos podéis comprobar:

❑ ¿Parece que el potrillo respira con normalidad? Cuando acaban de nacer, los potros jadean y respiran con una frecuencia mucho mayor a la de un caballo adulto.

❑ ¿Está vivaracho, alerta y curiosea cuanto le rodea? Un potro sano empieza a mamar por puro instinto a los 20 minutos de haber nacido e intenta ponerse en pie a los 30.

Frecuencias cardíaca y respiratoria normales y temperatura rectal del potro

Edad	Frec. Cardíaca (latidos/min)	Frec. Respiratoria (inspiraciones/min)	Temp. 0°C (0°F)
1min	60–80	jadeos	37–39 (99–102)
15min	120–160	40–60	37–39 (99–102)
12h	80–120	30–40	37–39 (99–102)
24h	80–100	30	37–39 (99–102)

Lista de constantes a comprobar para la yegua y el potro (continuación)

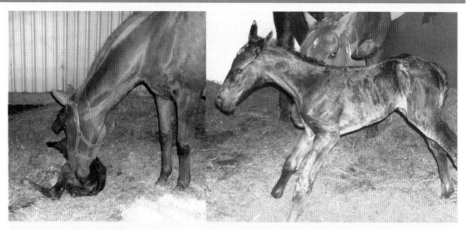

Hay que dejar que la madre cree un vínculo con su potro; normalmente, lo hace rozándole con el hocico. En respuesta, el potro intenta ponerse en pie

❑ El potro debe ponerse en pie y empezar a mamar al cabo de las 2 ó 3 horas de haber nacido. Si no parece tener ninguna intención de hacerlo en 3 ó 4 horas, avisad al veterinario.

❑ Durante el primer día de vida, debe expulsar las primeras heces (meconio) que son de un color marrón oscuro o negro y de una consistencia fuerte; las siguientes, serán de un color lechoso y pálido.

❑ Entre las primeras 12 horas, debe evacuar muchos litros de orina de un tono claro.

❑ Las encías deben tener un sano color rosado; unas encías amarillentas denotan ictericia.

❑ La madre debe tratarle sin agresividad. Algunas yeguas rechazan a sus recién nacidos.

Una vez hayáis comprobado estos signos de salud en el potro, dedicaos a la yegua:

❑ Procurad que esté cómoda.

❑ Una vez que el potro se haya adaptado a su rutina, cualquier cambio significativo, como que duerma más de lo normal o deje de mamar, debe tomarse muy en serio. Normalmente, los potros maman de sus madres unas siete veces cada hora.

❑ Comprobad que las ubres de la yegua estén llenas. Unas ubres laxas son uno de los primeros síntomas que delatan a un potro "caprichoso".

❑ Aseguraos de que el potro reciba la vacuna antitetánica al poco tiempo de nacer o, mejor aún, que la madre haya sido vacunada durante los dos meses previos al parto para que haya podido compartir la inmunidad con su potrillo.

❑ Si tenéis cualquier duda referente a la madre o al potro, consultad siempre con el veterinario. La más mínima anormalidad o enfermedad del pequeño puede ser muy seria. No os limitéis a aplicar los mismos primeros auxilios que brindaríais a un caballo adulto. Hay que avisar urgentemente al veterinario si el potro:

• deja de mamar;

• tiene diarrea;

• va cojo;

• respira con dificultad.

La importancia del calostro

Los potrillos nacen sin un competente sistema inmunológico y, para sobrevivir, necesitan obtener anticuerpos (inmunoglobulinas) que les protejan frente a las enfermedades. Cuando succionan las primeras gotas de leche (calostro) de las ubres de sus madres, reciben esos anticuerpos. En su primer día de vida, los intestinos del potro los absorben y proporcionan al pequeño su propia inmunidad.

Los problemas llegan cuando un potro está demasiado débil para mamar y no toma ese calostro; ahí empieza una espiral de la que difícilmente podrá salir. Si un potro no puede alimentarse por sí mismo, habrá que embotellarle y suministrarle el alimento o, todavía mejor, llamar al veterinario para que le introduzca una sonda hasta el estómago y de administre una cantidad suficiente de un calostro de calidad.

Recordad que si la yegua pierde parte de la leche antes de que nazca el potro, puede privarle del calostro. El veterinario puede realizar distintas pruebas para averiguar la calidad del calostro y la efectividad del mismo. Si estos valores fueran insuficientes (hecho comúnmente llamado "fallo de transferencia pasiva"), todavía podría proporcionarse inmunidad al potro mediante una transfusión de plasma (el componente sanguíneo más rico en anticuerpos). Este proceso se realiza por medio de un gotero intravenoso que puede salvar de la muerte al recién nacido. Recoger y congelar el calostro segregado por una yegua –que ha perdido a su potro, por ejemplo–, puede ayudar a salvar otra vida. Algunas yeguadas dedicadas a la cría y clínicas veterinarias cuentan con un "banco de calostro".

Los cuidados del ombligo

Los cuidados del ombligo son muy importantes para impedir infecciones. Tras el nacimiento, hay que limpiarlo dos o tres veces diarias con un antiséptico diluido como clorhexidina o povidona. Estas primeras curas son definitivas para reducir el riesgo de infecciones del propio ombligo y de otras partes del cuerpo como las articulaciones, que, de resultar afectadas, pueden causar grandes problemas, como cojeras severas o artritis sépticas (a causa de una infección) (ver foto inferior).

Medidas preventivas

❏ Mantened el box del potro impoluto para reducir cualquier riesgo de infección.

❏ Tras el parto, limpiad a la yegua –especialmente sus cuartos traseros y las ubres– para que el potro no esté expuesto a los microbios mientras mama. Los potros lamen y acarician a sus madres mientras buscan su toma de leche: si la yegua está manchada de estiércol o sangre seca del parto, el frágil potrillo puede infectarse.

❏ Desinfectad el ombligo del potro.

❏ Aseguraos de que el recién nacido toma su calostro.

❏ Examinad detenidamente a ambos.

❏ Subsanad rápidamente cualquier foco de infección.

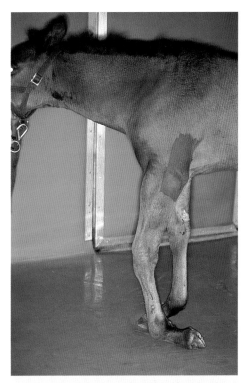

Artritis séptica: infección en la articulación del codo

Potro con dolores de cólico, revolcándose

Manejo de las emergencias

Septicemia (envenenamiento de la sangre)

Este término se usa para describir una infección bacteriana que se ha extendido a varios órganos a través del flujo sanguíneo. Es una causa de muerte común entre potros de menos de una semana de edad. Una manera de minimizar el riesgo de este tipo de enfermedad es poniendo especial atención en el manejo del potro y su madre. Una toma insuficiente de calostro aumenta el riesgo en el potro.

Cólicos debidos al meconio

Ocurren cuando las primeras heces del potro quedan impactadas en el interior del intestino. Al primer o segundo día de vida, el potro está restreñido y, al inicio del cólico, se muestra inquieto y muy dolorido.

Primeros auxilios: Para acabar con el dolor, mucha gente le administra un enema; esta opción suele funcionar, pero hay cólicos con impactaciones muy serias que pueden necesitar una intervención veterinaria más drástica, como una sonda estomacal de parafina, fluidos intravenosos, calmantes o, raras veces, una operación quirúrgica.

Rotura de la vejiga

Este problema afecta más a los potros que a las potras pero, en general, es menos común que la retención del meconio, con la que se le suele confundir. Lo que caracteriza una rotura de vejiga es que el potro, cuando trata de estercolar, arquea el lomo, mientras que en su esfuerzo por orinar, lo hunde. Un potrillo con la vejiga rota sólo consigue orinar unas gotitas y lo intenta muy a menudo. Cuando acaban de nacer, eso parece normal, pero al cabo de algunos días enferman a causa de la orina acumulada. Desconfiad de una barriga hinchada que puede estar literalmente repleta de la orina que escapa de la vejiga y avisad urgentemente al veterinario. El tratamiento consiste en neutralizar la orina estancada y operar al potro para reparar su vejiga.

El rechazo del potro

Algunas veces, la yegua —especialmente si es primeriza— rechaza a su potro o se niega a amamantarle. Para evitarlo, puede ayudar manosearle las ubres durante el embarazo con el fin de acostumbrarla a tolerar un contacto en los pezones antes de que el potro nazca.

Si una yegua rechaza al potro, intentad lo siguiente:

- Ofrecedle un poco de pienso mientras el pequeño mama, para distraerla.
- Investigad si le duelen las mamas. Para ello, consultad al veterinario.
- No la atéis para evitar estresarla todavía más: pedid al veterinario que le administre un tranquilizante.

- La opción desesperada –y potencialmente peligrosa– consiste en juntar a la yegua y al potro con otros caballos para apelar al instinto maternal y protector de la madre. Si lleváis a cabo este último intento, no les quitéis ojo en todo el día.
- Algunas veces, no os quedará otro remedio que ordeñar a la yegua y alimentar al potro con un biberón o una sonda.

El potro huérfano

Un potrillo puede quedar huérfano por las siguientes circunstancias:

- la muerte de su madre;
- el rechazo de su madre;
- enfermedad de su madre;
- enfermedad del mismo potro;
- requisitos del manejo.

Sacar adelante a potrillos huérfanos no es fácil y, a menudo, acaban siendo caballos con un comportamiento problemático. En términos generales, resulta mejor "darles en adopción" que intentar educarles nosotros mismos.

Desde que son muy pequeños, se les puede enseñar a alimentarse de un cubo o bol. Sin embargo, es muy importante no mimarles ni tratar de "humanizar-les"; por esta razón es una buena idea proporcionarles una compañía equina –como la de un pequeño poni– que le enseñe a comportarse según los patrones de sus semejantes.

Durante los 2 primeros días, un potrillo sano de unos 50 kg consume entre 5 y 7 litros de leche materna y acude a mamar cada 1 ó 2 horas. A la semana siguiente, pasa a ingerir de 12 a 15 litros diarios, y a partir de ahí la ración aumenta diariamente en relación al 23-28 % de su peso corporal. La calidad del sustituto de la leche materna tiene que ser de alta calidad. Las leches de vaca y oveja no son adecuadas.

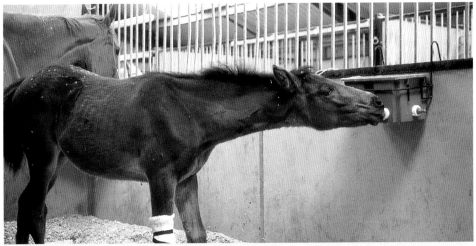

Un comedero puede funcionar, pero no hay que descuidar la higiene

Emergencias del semental

Los sementales pueden resultar heridos por las coces de las yeguas, mientras intentan cubrirlas, o por el ataque de otros caballos. Cualquier lesión en el pene o en los testículos requiere una especial atención veterinaria a fin de preservar su función reproductiva; de manera que, al menor percance, hay que citar inmediatamente al veterinario.

Actuación de primeros auxilios

❑ Regad la zona afectada con agua fría o una bolsa de hielo para reducir la inflamación.

❑ Aplicad presión o un vendaje compresor que controle la hemorragia o la hinchazón.

❑ Usad una sábana u otro tejido de algodón para sostener el pene y protegerlo de daños mayores. Intentad confeccionar una especie de braguero que le sustente los genitales; un par de medias suele funcionar.

❑ El veterinario le administrará calmantes y antiinflamatorios. Algunas veces, las heridas en el pene sangran profusamente y requieren una pequeña sutura.

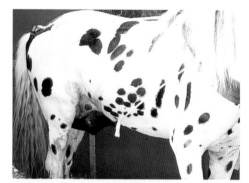

Braguero aplicado en una lesión en el pene

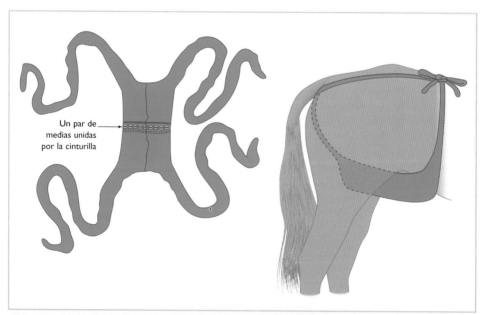

Un par de medias unidas por la cinturilla

Cómo improvisar un braguero para sostener una lesión en los genitales

Protusión de pene (Parafimosis)

La incapacidad de un semental o de un capado de retraer el pene dentro de la vaina es una emergencia. Puede ocurrir por varias razones, entre las cuales, una debilidad general o tras una sedación; después de una anestesia, el pene puede pender de la vaina durante toda una hora. Se dice que los sementales son más propensos a este efecto secundario del sedante ACP (Acepromazina), que los capados. En cuanto a los primeros auxilios, en este caso, podéis:

❑ A ser posible, identificar y eliminar la causa;
❑ Limpiar la zona con un jabón suave y aplicarle una crema antiséptica o vaselina;
❑ Intentar reducir la hinchazón y sujetar el pene con algún tipo de braguero;
❑ Abrigar al caballo, si es que hace frío;
❑ Si el cuadro no mejora en una hora, avisad al veterinario.

El cólico en el semental

En el caso de los sementales, un testículo retorcido o una hernia en el escroto pueden ser dos serias causas de cólico y ambas requieren cirugía. Si vuestro semental tiene un cólico y sus genitales están anormalmente hinchados, debéis llamar al veterinario urgentemente. De no hacerlo, podría acabar estéril tras sufrir otras muchas complicaciones.

Complicaciones de la castración

Aunque la castración es la intervención quirúrgica más común aplicada a los caballos, conlleva algunos riesgos que cabe considerar. En animales adultos (de más de 3 años) es mejor llevarla a cabo bajo anestesia general.

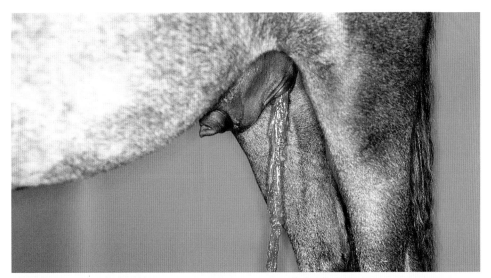

A pesar de ser una operación rutinaria, la castración puede implicar algunas complicaciones, como el potencial desprendimiento de tejidos de la zona intervenida, como muestra esta foto. Otros imprevistos pueden ser hemorragias e infecciones

Eutanasia

El sacrificio humanitario de un caballo es un acontecimiento doloroso que la mayoría de los propietarios deberán afrontar tarde o temprano. Tomar la decisión de practicar una eutanasia (definida como "una buena muerte") siempre resulta angustiante, especialmente cuando hay que hacerlo deprisa y, a posteriori, uno se pregunta si tomó la decisión adecuada o si se hubiera podido intentar algo más. Por todo esto, lo mejor es plantearse la situación antes de que ocurra y decidir, de llegar el momento, qué preferiríais hacer con vuestro caballo. Es bueno comentar esa decisión con otras personas para que, en el caso de que se vieran forzados a decidir en vuestro lugar, supieran qué hacer. Como veterinaria, en más de una ocasión, he tenido que decidir el sacrificio de un caballo mientras su propietario estaba inconsciente en el hospital –como consecuencia del mismo accidente–, o seguía de vacaciones. Así que, ¡por favor: dejad instrucciones!

Entre las preguntas que debéis dejar contestadas en vuestra ausencia están el tema del seguro y la modalidad del sacrificio que preferís.

¿Tiene algún seguro?

En primer lugar, ¿hay que consultar la decisión con la aseguradora antes de ejecutarla? En general, se aconseja comentar la situación antes de consumar cualquier acción irreversible. En el hipotético caso de que un caballo se hubiera lesionado mortalmente –por ejemplo, si se hubiera roto una pata irreparablemente–, estaría justificado sacrificarle de inmediato a fin de ahorrarle un sufrimiento innecesario. La palabra clave aquí es "irreparablemente"; aunque es

Por mucho que intentemos evitar pensar en la posibilidad de consentir una eutanasia, todo será menos traumático si nos planteamos qué haríamos de llegar el momento

cierto que muchas lesiones pueden repararse, este caso no sería uno de los afortunados. Otro ejemplo: un caballo con severos dolores de cólico puede parecer un caso de eutanasia justificada; pero, de hecho, el cólico se podría haber curado con una intervención quirúrgica. Si actuáis sin el consentimiento de la compañía aseguradora, puede que perdáis el derecho a reclamar. El veterinario os aconsejará en cada caso.

Otro punto importante a saber es si la aseguradora necesita la segunda opinión de otro veterinario antes de sacrificar al animal y/o nos exigirá una autopsia. Antes de decidir cuándo y cómo se va a practicar la eutanasia, hay que tener muy claros todos estos aspectos.

¿Dónde puede practicarse la eutanasia?

En realidad, eso es algo muy personal. La mayoría de veterinarios y matarifes se ofrecen a sacrificar al animal en vuestra casa, para que pueda morir en su entorno familiar. Sin embargo, hay propietarios que prefieren trasladar al caballo a las instalaciones del que lo sacrifique; esta opción resulta más práctica si va a tener

Métodos de Eutanasia

Tradicionalmente, la eutanasia se llevaba a cabo mediante un disparo.

Ventajas
- ❏ Un disparo certero proporciona una muerte instantánea.
- ❏ Se puede enterrar el cuerpo enseguida.
- ❏ Es barato.

Desventajas
- ❏ A mucha gente le resulta impactante y desagradable.
- ❏ Si hay que llevarla a cabo en un lugar público, puede ser poco práctico y potencialmente peligroso.
- ❏ Hay que contar con un conocimiento y las licencias de las armas y no todos los veterinarios y matarifes los tienen. Algunos matarifes confían en que el encargado de practicar la eutanasia será el veterinario, y viceversa. Normalmente, el veterinario seda al caballo para el matarife.

Métodos de eutanasia
Otra alternativa consiste en administrar al animal sustancias letales por vía intravenosa; en general, la gente encuentra este sistema menos traumático. En primer lugar, se inserta un catéter intravenoso que facilita el resto del proceso. A los caballos a los que nunca les han gustado las agujas se les puede mezclar previamente un sedante en la comida. La prioridad, en estos casos, es intentar que todo el proceso transcurra con el menor estrés posible, aunque, inevitablemente, hay situaciones en las que no es nada fácil.

Destrucción del cuerpo
Hay que tener previsto qué se va a hacer con el cuerpo tras la eutanasia, particularmente si ésta se va a llevar a cabo mediante una inyección letal. Las opciones suelen ser la incineración o el entierro con el correspondiente permiso. Hay países en los que está prohibido enterrar a un caballo, aunque sí a una mascota familiar. En caso de duda, consultad al veterinario, a las autoridades locales o al Departamento de Agricultura, Ganadería y Pesca. Hay empresas particulares dedicadas a la recogida y destrucción de los cadáveres (ver SERECA, en el Índice).

El UK's Sidmouth Donkey Sanctuary recomienda que si uno de un par de burritos tiene que sacrificarse, se deje al compañero vivo con él durante algunas horas

que practicársele una autopsia. La disposición del cuerpo puede ser un espectáculo muy triste y algunas veces difícil (si el campo está muy embarrado); estas razones justifican el traslado del caballo al lugar en el que se le dejará una vez practicada la eutanasia. Otras opciones pueden ser llevar al caballo a un matadero autorizado o pedir a un cazador que lo sacrifique.

¿Es imprescindible que el propietario esté presente?

De nuevo, estamos planteando una cuestión muy personal. El proceso de la eutanasia puede ser muy duro para el propietario, que probablemente preferiría recordar a su caballo en los buenos tiempos; su presencia raramente es esencial. Normalmente, con un consentimiento escrito por parte de los propietarios, basta.

¿Qué hacer con sus compañeros?

Si hay varios caballos en el campo y uno de ellos se lesiona gravemente y hay que sacrificarlo, ¿qué hay que hacer con los demás? Normalmente, si alguien se lleva a sus compañeros,

el caballo herido se pone muy nervioso, lo que debemos evitar a toda costa: la tranquilidad del caballo herido tiene prioridad. De hecho, el resto del grupo sólo parece perturbado en un primer momento, mientras no comprende qué es lo que ocurre; a los demás también les tranquiliza ver a su amigo, aunque sea tendido en el suelo. El Donkey Sanctuary del Reino Unido recomienda que si uno de los componentes de un par de burridos es sacrificado, se permita a su compañero estar algunas horas con él. Esta misma consideración debe tenerse con una yegua y su potro: dejar al potrillo muerto unas horas en el box, con su madre, la tranquilizará.

Más información

Si necesitáis más información acerca de la eutanasia y/o temas relacionados con ella, contactad con el veterinario.

Seguros

Un caballo es toda una inversión; ahí que sea muy recomendable asegurarlo. Una póliza de seguro no sólo ayuda a costear los gastos de una enfermedad, lesión o incluso de un robo, sino que cubre los riesgos de un potencial accidente del propietario y sus implicaciones legales. En un caso de emergencia, es importante conocer qué aspectos cubren al caballo y al jinete; desgraciadamente, todos solemos ser víctimas y culpables de no haber leído la "letra pequeña" del contrato hasta que nos hemos visto envueltos en uno u otro problema: la mayor parte de las reclamaciones que se interponen a las aseguradoras y que implican al caballo se basan en pequeños malentendidos en relación a lo que cubría la cuota.

Comprender la póliza aseguradora

A todo riesgo. Las de este tipo, cubren la muerte del caballo e indemnizan al propietario en el caso de que haya habido que sacrificar al animal como consecuencia de una enfermedad o lesión incurable. En realidad, son de una cobertura muy limitada, puesto que sólo asumen circunstancias terminales como podría ser una fractura irreparable. No cubren a un animal que puede deambular por el paddok pero que está inhabilitado total o parcialmente para el trabajo que se espera de él. Éste es uno de los aspectos que pueden dar lugar a muchas discusiones. Por poner un ejemplo, supongamos que un caballo de carreras sufre una seria herida en un tendón y se le sacrifica porque nunca podrá volver a correr. Si la reclamación de la indemnización llega a juicio, el propietario se indignará cuando el juez falle en su contra. La aseguradora esgrimirá que, con el tiempo y los cuidados adecuados, ese caballo se hubiera curado y que, por lo tanto, no estaba justificado su sacrificio. Para poder cobrar la indemnización, los veterinarios y las aseguradoras deben rellenar un estricto formulario que, en resumen, pretende demostrar que la eutanasia era la única salida; es decir, que el caballo hubiera muerto irremisiblemente o que, pese a un tratamiento, nunca se hubiera recuperado de la supuesta lesión. Las situaciones "aceptadas" son pocas y poco probables, dados los avances que experimenta día a día la tecnología veterinaria moderna. En EE.UU., la cobertura del sacrificio humanitario y las reclamaciones derivadas del mismo se basan siempre en motivos médicos, nunca económicos.

Póliza de invalidez permanente. Este otro tipo indemniza a los propietarios cuyos caballos quedan permanentemente inválidos para el

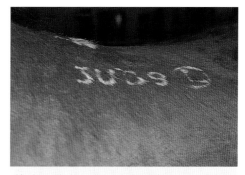

Una L tatuada dentro de un círculo, significa que ese caballo ha sido declarado inválido permanente por su póliza de seguro

trabajo que figura en su póliza. La cobertura de este contrato es mucho más amplia y, evidentemente, tiene una prima mucho más cara. El requisito fundamental en este caso, consiste en demostrar que el caballo esta totalmente impedido y que nunca se recuperará. Para hacer constar su invalidez permanente, se suele marcar al caballo retirado con una L ("lost of use").

Seguro de cobertura veterinaria. Estas pólizas asumen los gastos derivados de cualquier tratamiento veterinario. Cada tipo de tratamiento tiene asignado un importe máximo cuya cifra hay que tener muy clara, así como el período de vigencia del contrato. Los honorarios veterinarios son una habitual fuente de

discusión porque, a menudo, superan las cifras límite de la póliza del seguro. La mayoría de las compañías aseguradoras, exigen el pago de una cierta suma por tratamiento (para cubrir la diferencia).

Seguro de responsabilidad civil. Ésta es una póliza de una importancia vital para el caballo. Algunas organizaciones equinas como el British Horse Society o el Pony Club facilitan este tipo de póliza a sus miembros. Cualquier propietario de un caballo debería estar asegurado frente a un potencial incidente que su animal pudiera protagonizar; por ejemplo, si éste escapara por una vía pública y provocara un accidente de tráfico.

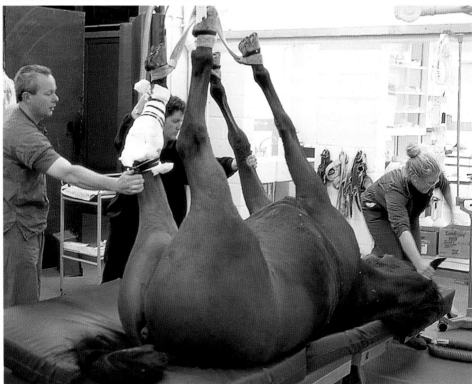

Este caballo está siendo preparado para una intervención quirúrgica, bajo anestesia general. La cirugía equina es un tratamiento veterinario caro porque requiere mucho personal y equipamiento sofisticado

Ejemplo de un escáner de los huesos del pie del caballo. Esta imagen (más de 735£) forma parte de un proceso que sirve para determinar e investigar casos de laminitis u otros problemas

Otros tipos de pólizas. Las hay que cubren accidentes personales e incluso problemas dentales. Algunas asumen también la minusvalía o muerte de cualquier persona que maneje o monte a vuestro caballo. Hay apartados expresos para casos de robo, tanto del caballo como de su equipo.

Comprender las complicaciones

Lo que está excluido. Recordad que, normalmente, todas las pólizas de seguros caducan al cabo de un año. Puede que este período varíe de un caso a otro pero, lo que está claro, es que disponéis de un tiempo limitado para hacer vuestras reclamaciones. Al cabo de un año, las pólizas suelen revisarse. Si durante el período anterior os hubierais beneficiado de algún aspecto de la póliza, cuando acudáis a renovarla, la aseguradora intentará excluirlo para evitar que podáis reclamar lo mismo o algo muy similar en el futuro. La mayoría de las compañías sólo revisarán esas exclusiones al cabo de un tiempo en el que no las hayáis solicitado.

Condiciones preexistentes. Si el caballo padeciera alguna lesión o enfermedad previa a la fecha del contrato de la póliza, raramente las aseguradoras la considerarán de su incumbencia, aunque recurran durante el período cubierto. Las compañías aseguradoras realizan un exhaustivo examen del historial del animal antes de atender una reclamación, por lo que es muy importante advertirles de todas las condiciones del caballo desde el primer momento.

Olvidar informar a la compañía aseguradora. Siempre hay que notificar a la aseguradora cualquier acción que vayamos a emprender con nuestro caballo lo antes posible. Antes de decidir nada, intentad hablar con ella y obtener su permiso para autorizar una intervención quirúrgica, tratamiento veterinario o una eutanasia. Si vuestro caballo hubiera muerto, preguntadle si va a exigiros una autopsia. Si va a indemnizaros, querrá saber todos los detalles.

Los seguros cambian en función del país. Las premisas que se aplican en un país pueden funcionar de un modo distinto en otro. Es recomendable que un profesional os ayude a comprender vuestra póliza, dentro y fuera de vuestro país, incluida la "letra pequeña".

Las claves en un caso de emergencia. Para tomar decisiones sensatas y realistas en un caso de emergencia, debéis saber exáctamente lo que cubre vuestra póliza de seguro. Por ejemplo, si vuestro caballo sufre un cólico que precisa una intervención quirúrgica, pero esta premisa está excluida de la póliza debido a episodios anteriores, la aseguradora no asumirá los gastos.

Tened siempre a mano las fotocopias del seguro del caballo para que el veterinario pueda confirmar la cobertura de un tratamiento en el mismo momento en que éste sea necesario.

Comentad con la aseguradora lo que le ocurre al caballo. Muchas compañías tienen un servicio de 24 h para atender estas consultas.

2 Cómo afrontar las emergencias más comunes

En este apartado

Llamadas de urgencia

En un caso de urgencia, puede ser necesario efectuar una llamada para solicitar ayuda profesional. En España, el número asignado a emergencias generales es el 112. En este número os pondrán en contacto directo con:

- ❏ la policía;
- ❏ los bomberos;
- ❏ servicio de ambulancias;
- ❏ guardacostas;
- ❏ equipos de rescate en la montaña;
- ❏ equipos de rescate en cuevas y grutas.

La policía os pondrá en contacto con los dos últimos cuerpos. En el Reino Unido, el número al que debéis llamar es el 999; y en EE.UU., el 911. Las llamadas a estos códigos de emergencia son gratuitas y pueden efectuarse desde cualquier teléfono, incluidos el portátil o el del automóbil. En las autopistas también encontraréis postes provistos con un teléfono para emergencias (SOS) que indican al inter-locutor vuestra posición exacta; estos aparatos sólo necesitan ser descolgados: la comunica-ción se establece directamente.

Siempre que salgáis con vuestro caballo, llevad el teléfono del veterinario, pues hay consultas que sólo pueden ser atendidas por él y no por un teléfono de emergencia. No os fiéis de tener su número registrado en la agenda del teléfono móvil; puede que por algún imprevisto no podáis acceder a esa información.

Teléfonos móviles

El teléfono móvil es un complemento tecnológico en el que vale la pena invertir y que ha demostrado ser una de las piezas claves del equipaje, capaz de salvar vidas. Aunque sólo vayáis a dar un paseo hasta el campo de al lado para visitar a vuestro caballo, no olvidéis llevarlo encima; si os encontrarais con algún problema, os ahorraría un tiempo precioso para obtener una ayuda inmediata, y la carrera hasta la caballeriza para dar la alarma. Además, os permitiría quedaros en el lugar del incidente hasta que la ayuda llegara.

No obstante, el uso del teléfono móvil requiere algunas precauciones:

- ❏ Aseguraos de que tenéis siempre la batería cargada.
- ❏ Desconectad el volumen o activad la función del vibrador mientras montáis en un espacio controlado o manejáis a los caballos, para evitar sobresaltarles con su sonido. Tampoco os distraigáis chateando con los amigos para no desconcentraros y perder el control del animal.
- ❏ Si efectuáis una llamada de emergencia desde el móvil, recordad indicar al interlocutor la provincia en la que os encontráis y su código postal, pues las redes de telefonía móvil no dejan constancia de ello. Cuando hayáis concluido vuestra llamada, aseguraos de colgar y de permanecer donde haya cobertura, para que los servicios de emergencia, de ser necesario, puedan contactar de nuevo con vosotros.
- ❏ Desafortunadamente, los móviles tampoco son infalibles y tienen sus limitaciones; en algunos lugares montañosos o escondidos, pueden tener muy poca o ninguna cobertura. Cuando salgáis de ruta, llevad algunas monedas por si tuvierais que recurrir a una cabina telefónica.

Qué hay que decir

❏ Cuando llaméis al 112, la operadora os preguntará con qué servicio de emergencias queréis que os ponga en contacto y ella misma lo hará. Si hay alguna persona herida, solicitad el servicio de ambulancias; si fuera necesario, la misma operadora puede pasar vuestro mensaje a otro(s) servicio(s) de emergencias.

❏ En ese momento, estaréis nerviosos y asustados, y puede que os cueste hablar. Respirad hondo e intentad ordenar vuestro discurso; tranquilizaos y esforzaos en hablar despacio y claramente para dar una información concisa. Seguid este orden:

  • Vuestro nombre y apellido.
  • El número de teléfono desde el que llamáis.
  • La ubicación exacta del accidente, incluyendo el nombre de la calle, el número, si estáis en un cruce y si hay algún punto de referencia. Si llamáis desde una cabina, la situación de la misma debería estar indicada junto al teléfono.

  • Qué tipo de accidente habéis sufrido y cuán grave es.
  • El número de heridos que hay, sus sexos y edades aproximadas y algún que otro detalle sobre las heridas que han sufrido.
  • Cualquier otra información relevante como, por ejemplo, si existe alguna línea de alta tensión, condición climática o del terreno (como nieve, hielo o barro) que pudiera dificultar la llegada de los vehículos de rescate.

❏ No colguéis hasta que vuestro interlocutor lo haya hecho primero.

❏ Si tuvierais que dejar a algún herido solo para salir en busca de ayuda, practicadle antes algún tipo de primer auxilio (ver Apartado 3: Primeros auxilios para personas). Haced la llamada lo más breve y detalladamente posible y volved junto a él. Si mandáis a otra persona a buscar ayuda, pedidle que vuelva a reunirse con vosotros tan pronto como pueda.

Equipo de emergencia mínimo

Nunca se sabe cuándo o dónde puede ocurrir una emergencia; siempre deberíais llevar encima:
  ❏ un teléfono móvil;
  ❏ una navaja de bolsillo; las llamadas navajas multiuso incluyen varios útiles de supervivencia y pueden llevarse dentro de una funda, colgadas del cinturón.

En las caballerizas, siempre deberían estar ordenados en un lugar accesible:
  ❏ un botiquín de primeros auxilios (humano y equino);
  ❏ una lista con los principales números de teléfono para un caso de urgencia;
  ❏ las herramientas del mantenimiento general de las instalaciones;
  ❏ un equipo de herraje de emergencia;
  ❏ extintores.

Cómo controlar a un caballo

Para manejar a un caballo, ya sea durante la rutina diaria, ya mientras se le practica alguna cura, se necesita algún método para controlarle. Normalmente, una cabezada de cuadra y un ramal son suficientes, pero con un caballo asustado o dolorido, posiblemente haya que recurrir a una brida o incluso a un Chifney (un bocado antitiro) que garanticen un manejo eficiente y la seguridad tanto del animal como de la persona que lo manipula. En algunas ocasiones, incluso puede ser necesario inmobilizarle para poder llevar a cabo algunas tareas con cierto riesgo, como administrarle un tratamiento, o controlarle en una situación que le da miedo; para ello, se le puede levantar y doblar una mano, o sedarle.

Con una cabezada de cuadra

La cabezada de cuadra debe ser de la talla correcta, preferiblemente con margen suficiente para ceñirla un poco si fuera necesario; para evitar que se os escurra entre las manos, podéis hacer un nudo al final del ramal. Es importante recordar las siguientes normas de seguridad:

❏ No metáis los dedos dentro de la muserola de la cabezada; se os podrían quedar atrapados en ella.

❏ No os enrolléis el ramal a la muñeca; si el caballo se alejara corriendo, os la extrangularía y rompería.

❏ Llevad guantes para protegeros las manos de quemaduras y tener un mayor agarre.

❏ Otra manera de controlar al caballo consiste en tomar un pliegue de piel del cuello, justo delante de la espalda, sujetarlo con firmeza con el puño cerrado y retorcérselo suavemente.

Normalmente, una cabezada de cuadra y un ramal, bastan

Con una brida

Una brida proporciona más control que una cabezada, siempre y cuando recordéis lo siguiente:

❏ La muserola (de haberla) y el ahogadero deben estar abrochados.

❏ Si tienen una martingala incorporada, sacádsela.

❏ Sujetad ambas riendas sobre la cabeza del caballo.

❏ Si la brida no tiene riendas, pasad un ramal a través
de una de las anillas del filete, por debajo de la
mandíbula inferior, y atadlo a la anilla opuesta.

❏ Para un control más eficaz, usad un Chifney (un bocado antitiro). Normalmente, este bocado va sujeto
a una cabezada fina y el ramal se engancha a una
anilla que hay en la parte más baja del hierro.

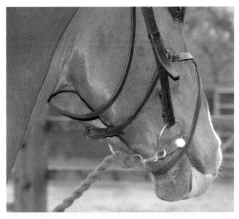

Para evitar que se apoye en la boca, atad un ramal
a ambas anillas del hierro

Asiéndole una mano

Si el caballo no para de moverse o intenta cocear con
un posterior, levantarle una mano puede persuadirle
de ambas cosas. Necesitaréis una persona que le sujete la cabeza y otra que le levante la mano del suelo;
recordad siempre:

❏ Levantadle siempre una mano, nunca un pie.

❏ Si estáis realizando una cura en uno de los anteriores, sujetadle el anterior opuesto.

❏ Si tenéis que curarle un posterior, levantadle el anterior del mismo lado (pero no si también hubiera
que levantarle el posterior).

❏ Si hay que curarle cualquier otra parte del cuerpo,
el ayudante deberá levantar el anterior del mismo
lado del que se realiza la cura.

❏ No intentéis levantarle una mano mientras cualquier otra extremidad siga alzada.

❏ Poneos guantes para evitar que el caballo, en un esfuerzo por arrebataros el anterior, os las lastime.

❏ La manera en que le sujetéis la extremidad también
es importante: debéis asir todo el casco, cerca de
las lumbres, y mantenerle flexionados el codo, la
rodilla y las articulaciones del menudillo sólo lo justo para que no pueda empujaros. No hay que fle-
xionárselos demasiado para evitar que se sienta incómodo o dolorido (especialmente si se trata de

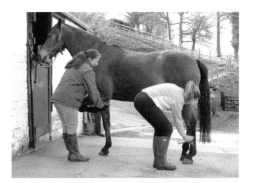

Cuando sujetéis una mano, colocaos a un lado del
caballo, no enfrente. Aunque parece que el animal
está bajo control, estas chicas deberían llevar sendos
cascos como medida de prevención

un caballo con artritis), ni levantarle el casco a una
altura excesiva para que pueda mantener el equilibrio. A algunos caballos les cansa mucho tener que
sostenerse con tres patas durante cierto tiempo e
intentan poner las cuatro en el suelo.

❏ Que le estéis sosteniendo una mano no significa
que estéis absolutamente a salvo; algunos caballos
pueden tirar hacia atrás, precipitarse hacia delante o
contorsionarse violentamente para escapar. Nada
puede disuadir a un caballo decidido a cocear, e intentar reprimirle por la fuerza sólo empeorará la
situación.

Con un acial

Aplicar presión en el labio superior del caballo tiene un efecto tranquilizante conocido como la "reacción endorfínica". Para ello, pueden usarse los propios dedos (aunque es muy cansado, ya que, para ser efectivo, requiere cierta fuerza), o un acial de cuerda o de metal.

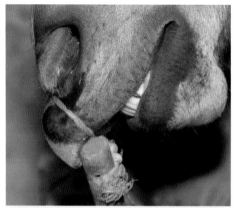

Éste es un acial de cuerda. Idealmente, el cordel de las balas de forraje puede sustituirse por una cuerda más suave

El acial de cuerda

Pasad una muñeca a través del lazo de cuerda, agarrad firmemente el labio superior del caballo, deslizad el bucle por encima de vuestra mano y "extrangulad" el belfo superior girando el mango de madera sobre sí mismo.

El acial de metal

Sujetad el acial por las dos barras rígidas y asid firmemente el labio superior del caballo. Con la otra mano, introducid el labio en la parte superior del acial, con la bisagra hacia arriba, y apretad las barras rígidas. Para mantener la presión, enrollad el cordón en el extremo inferior del acial y aseguradlo.

Observaciones

❏ Comprobad que los bordes del belfo queden enrollados hacia adentro, para evitar cortes. Si el caballo sacude la cabeza, acompañad su movimiento para evitar que el labio escape del acial.

❏ Esperad unos momentos para que el acial empiece a surtir efecto; cuando eso ocurra, el caballo bajará ligeramente la cabeza y tendrá una mirada sutilmente vidriosa y ausente.

❏ El acial puede tener un gran poder sobre algunos caballos, pero no en todos. Si veis que el animal se pone cada vez más nervioso, retirádselo inmediatamente. El uso de un acial no debería prolongarse más de 15 minutos.

❏ Cuando retiréis el acial, hacedlo con cuidado: si el caballo gira rápidamente la cabeza, antes de estar totalmente liberado, el acial os daría en la cara. Masajeadle activamente el belfo para ayudar a reactivar la circulación sanguínea de la zona.

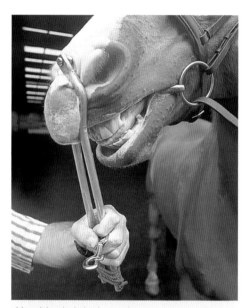

Un acial articulado de metal

Cómo hay que usar un acial

Si se aplica durante más de 15 minutos, el acial puede resultar doloroso. Además, pasado ese tiempo, tiende a perder su efectividad.

Sedándole

Hay ocasiones en las que sedar o anestesiar al caballo es la manera más segura de tenerle bajo control; para ello, no hay que administrarle ningún sedante oral mientras se espera al veterinario. La sedación es una opción cara, pero a menudo la mejor y menos agresiva para el caballo y la más segura para todas las personas que están a su alrededor.

❑ Si hay que sedarle, el veterinario le pondrá una inyección intravenosa que actúa rápidamente y mantiene sus efectos durante más tiempo que otros métodos.

❑ A medida que la inyección vaya surtiendo efecto, la cabeza del caballo caerá ligeramente, su mirada y sus labios se relajarán y los párpados quedarán semicerrados. En el caso de los sementales y los capados, el pene quedará suspendido de la vaina.

❑ Hay caballos más sensibles a los sedantes que otros; es muy importante no quitarles el ojo de encima mientras se les manipula, por si "despertaran" antes de lo previsto.

Después de la sedación

❑ Evitad mover al caballo más de lo necesario hasta que los efectos del sedante hayan remitido; los restos sedativos afectan su equilibrio y coordinación.

❑ No le deis nada que comer hasta que esté completamente restablecido.

❑ Vigiladle estrechamente mientras se recupera, especialmente si está en el box. Echadle un vistazo de vez en cuando para comprobar que no ha quedado atrapado en un rincón debido a la desorientación y falta de coordinación en el espacio.

❑ Si lo sacáis de la cuadra, llevadle a un paddock pequeño, con un suelo nivelado y unas vallas seguras, en el que los demás caballos no le atosiguen.

❑ Si fuera necesario trasladarle del lugar del accidente mientras sigue sedado, pedid una ambulancia equina con un cabestrillo. Por desgracia, no siempre hay ambulancias equinas disponibles; en tal caso, tendréis que esperar a que los efectos de la sedación hayan pasado lo suficiente como para que el caballo pueda viajar con seguridad; consultad con el veterinario.

Cómo inmovilizar a un caballo tendido en el suelo

Algunas veces, cuando un caballo está tendido en el suelo, hay que inmovilizarle para impedir que se incorpore y se lesione todavía más (como por ejemplo, si ha quedado atrapado y necesitáis ayuda para levantarle). Para ello, arrodillaos o sentaos sobre su cuello, justo detrás de su cabeza, preferiblemente sobre el lado de la crin y no el de la garganta: de esta manera no le oprimiréis el esófago ni os expondréis a recibir un manotazo. Si el caballo no puede levantar la cabeza, tampoco podrá ponerse en pie. Para disuadirle, tapadle los ojos al mismo tiempo.

Para inmovilizar un caballo tendido en el suelo, es mejor sentarse sobre el lado de la crin que sobre el de la garganta

La seguridad del asistente

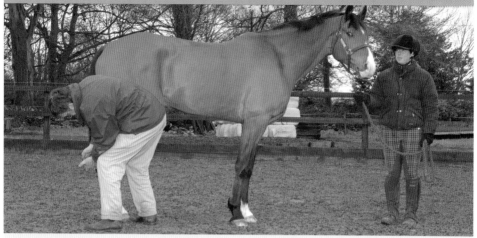

La seguridad del asistente es fundamental. Haced que alguien se sitúe al lado de la cabeza del caballo. Aunque el veterinario trabaje sin casco, vosotros no debéis hacerlo

Cualquier persona que ayude a controlar un caballo herido debería respetar las siguientes normas de seguridad:

❑ Mantener la cabeza del caballo levantada.

❑ Llevar siempre casco, guantes y calzado robusto; incluso si el caballo es muy tranquilo.

❑ No permanecer nunca enfrente del caballo, sino a un lado; esto da mayor control del animal y evita que éste pueda arrollar o herir al ayudante si intenta salir corriendo o echarse hacia atrás.

❑ Siempre que sea posible, hay que colocarse al mismo lado del que está la persona que lo manipula, a menos que ésta pida lo contrario.

❑ Alzar la voz, gritar o golpear al caballo sólo conseguirá irritarle; hay que permanecer tranquilo y hablarle con una voz suave.

❑ Aplicar una tensión constante, fuerte y restrictiva de su cabeza puede hacer que algunos caballos se sientan atrapados e intenten recular o ponerse de manos.

❑ Evitad dar tirones bruscos del ramal, pues el caballo podría reaccionar levantando súbitamente la cabeza, saltando hacia atrás o coceando, y sólo conseguiréis asustarle todavía más.

❑ Si hace frío, abrigar al caballo esquilado con una manta; si tiene frío no dejará de moverse.

❑ Hay que estar muy concentrado en lo que se está haciendo.

Examinar al caballo en el exterior o en el box

Si vais a examinarle en un espacio abierto, aseguraos de cerrar todos los accesos posibles —vallas, puertas y cualquier otra vía de escape— y buscad un suelo lo más nivelado y firme posible. Si vais a hacerlo en su box, considerad lo siguiente:

❑ Hay que tener suficiente luz.

❑ Aumentad el grosor de la cama para evitar resbalones.

❑ Sacad todos los comederos y bebederos que estén en el suelo.

❑ Retirad el estiércol para que no pueda pisarlo.

❑ Cerrad la batiente inferior de la puerta para que no intente escapar.

El caballo que se encabrita mientras se le lleva del diestro

Asegurarse de que el equipo que se usa para llevarlo del diestro proporciona un control adecuado (ver Cómo controlar a un caballo, p. 104).

Como reacción a la presión de la cabezada cualquier caballo puede ponerse de manos

❑ Para conducir a cualquier caballo –¡independientemente de su temperamento habitual!–, hay que llevar casco, guantes y un calzado robusto.

❑ Escoged un ramal suficientemente largo que os permita alejaros del caballo, en el caso de que éste se encabritara.

❑ Si usáis una cabezada de cuadra, enganchad el ramal a la anilla de la parte inferior de la muserola, en vez de a una de las laterales. De esta manera, reduciréis la presión en su cabeza y el riesgo de que, si se encabrita, alguna de sus manos se enrede en la cuerda.

❑ Si el caballo se pone de manos, ceded parte del ramal; nunca tiréis de él, o el caballo se levantará todavía más, con el consecuente peligro de perder el equilibrio y caer de espaldas.

❑ No os quedéis enfrente de él; haceos a un lado para evitar estar al alcance de sus manos cuando baje.

El caballo que empuja mientras se le lleva del diestro

Cuando llevéis del diestro a un caballo con tendencia a arrastrar o a empujar a la persona que lo maneja, escoged el equipo que os proporcione un mayor control (ver Cómo controlar a un caballo, p. 104).

El equipamiento y el modo de manejar a un caballo así son los mismos que los del apartado precedente.

❑ Cuando empiece a avanzaros, girad su cabeza y cuello hacia vosotros y hacedle andar en un círculo a vuestro alrededor. Si su espalda os sobrepasa y sentís que no vais a tardar mucho en perder el control porque pronto os arrastrará, eso significa que quedaréis posicionados detrás de su grupa y que el caballo podría cocearos. Si llegáis a este punto, soltad el ramal antes de que os lastime.

❑ Si el caballo persiste en este comportamiento, provad a conducirle con una brida (ver Cómo controlar a un caballo, p. 104).

Obligarle a caminar en círculos a vuestro alrededor impedirá que salga corriendo y os arrastre tras él

Incendios ver también Medidas de prevención, p. 166

Las instrucciones del plan a seguir en caso de incendio deberían estar expuestas en un lugar preferente de las caballerizas, y todo el personal y los propietarios de los caballos tendrían que dedicar un tiempo a familiarizarse con ellas. Organizar regularmente algunos simulacros también es una buena idea.

Los establos y los almacenes del forraje suelen estar construidos con –y contener– materiales altamente inflamables, por lo que, en caso de incendio, suelen causar unos estragos devastadores. Por ello, es muy importante que, al menor indicio de fuego, se actúe rápida y eficazmente.

Si se descubre un incendio

❑ **Dad la alarma inmediatamente (y activad la alarma de incendios).**

❑ **Llamad al servicio de emergencias (ver Llamadas de urgencia, p.102).**

❑ **Evacuad a la gente y a los caballos.**

❑ **Sólo intentad sofocarlo si podéis hacerlo sin correr ningún riesgo.**

Evacuación de las instalaciones

Al oír la alarma, todas las personas que no estén evacuando a los caballos deben seguir este procedimiento:

❑ Abandonar las instalaciones inmediatamente, cerrando todas las puertas y sin pararse a recoger sus pertenencias.

❑ No intentar regresar a ninguna parte del edificio y dirigirse directamente al punto de encuentro que se especifica en el plan de incendios.

❑ Designar a un responsable que se encargue de comprobar que no queda ninguna persona ni caballo en las caballerizas.

❑ Soltar a los caballos en un paddock adecuado y seguro, preferiblemente con acceso directo desde las caballerizas; este lugar debería también estar indicado en el plan de incendios.

❑ Si puede hacerse con seguridad y las cabezadas y ramales están a mano, sacar a los caballos del diestro hasta el paddock. Algunos caballos estarán asustados por el ruido de la alarma y el olor del humo y no querrán salir del box; cubrid-

les los ojos con una camiseta o chaqueta mojadas, sin taparles los ollares.

❑ Si la embergadura del incendio es más urgente, no saquéis los caballos uno a uno: abrid todos los accesos al paddock y depués todas las puertas de las cuadras y azuzad a los caballos para que corran en grupo. Mientras realicéis esta maniobra, estad muy atentos a la seguridad de las personas, que pueden estar asustadas o incluso con pánico. Una vez estén vacíos los establos, y si es seguro acercarse de nuevo a ellos, cerrad ambas batientes de las puertas (superior e inferior).

Ver también

❑ **Controlar a un caballo con una cabezada, p. 127**

❑ **El caballo que se encabrita mientras se le lleva del diestro, p. 109**

❑ **El caballo que empuja mientras se le lleva del diestro, p. 109**

Robos ver también Seguridad, p. 164

El robo de un caballo siempre es desalentador y traumático para su propietario. En un caso así, hay que actuar lo antes posible (cuanto más tarde, más lejos puede estar el caballo).

❑ En primer lugar, comprobad que el caballo no haya sido trasladado a otra cuadra o campo. Si le encontrarais pastando tranquilamente en algún lugar, examinad el vallado para averiguar si sencillamente se ha escapado (ver Fugas, p. 123).

❑ Si, efectivamente, parece que el caballo ha sido robado, llamad inmediatamente a la policía e intentad mantener la calma hasta que llegue. Mostraos insistentes y persistentes en la urgencia de su intervención, pues lo que para vosotros es un caso de emergencia, a la policía puede parecerle un caso de menor prioridad.

❑ Si el caballo tiene algún tipo de marca o tatuaje, contactad con la compañía en la que está registrado.

❑ En el caso de que el caballo robado tenga algún tatuaje, existe la posibilidad de que el ladrón, al darse cuenta, lo abandone. Así pues, llamad a todos los veterinarios locales por si alguien avisara de un caballo perdido o suelto.

❑ Avisad a la protectora de caballos local; si no sabéis cómo se llama o su dirección, contactad con alguna hípica cercana, cualquier sociedad dedicada al bienestar de los équidos o buscadlo en Internet.

❑ Contadlo en la prensa y emisoras de radio de vuestra provincia, contratad un espacio de anuncios en una revista ecuestre y pegad carteles en instalaciones hípicas, centros de equitación, tiendas de equipamientos para caballos, suministradores de piensos y otros negocios relacionados con los caballos.

❑ Averiguad las fechas de las próximas ferias de caballos en un radio de 400 km (muchos robos tienen lugar poco antes de las ferias y las subastas de caballos). Avisad también a los puertos y mataderos que queden dentro de este perímetro y pedid a la policía que se ocupa del caso que informe a sus compañeros de zona.

❑ Comprobad si vuestra póliza de seguro contempla el robo: notificad el incidente a la compañía y preguntadle si la póliza cubre alguna recompensa que ofrecer.

❑ Intentad acudir a las ferias de caballos personalmente, pues muchas de las ventas tienen lugar en el exterior de los recintos (recordad llevar la documentación del caballo por si necesitarais probar que es vuestro). Observad detenidamente a todos los caballos de su misma talla, edad, sexo o capa (tened en cuenta que las marcas características pueden haber sido cambiadas o camufladas para distorsionar su apariencia).

❑ Hay algunas direcciones electrónicas en Internet, dedicadas a los caballos, a las que podéis echar un vistazo; muchas de ellas os permitirán poner un anuncio con vuestras señas de forma gratuita.

Los expertos en escapar del establo

Algunos caballos son verdaderos expertos en abrir el cerrojo de la batiente inferior de la puerta de su establo. En tal caso, hay que sustituir ese cerrojo por otro a prueba de caballos; no os conforméis con atar una cuerda de lado a lado de la puerta, porque algunos aprenden a desabrocharla con el consiguiente riesgo de dañarse el hocico.

Qué hacer

❑ Si un caballo consigue escapar de la cuadra o deambula por las caballerizas, **antes de nada, cerrad todos los accesos de la instalación.**

❑ Acercaos al caballo con mucho cuidado, pues los hay que no quieren volver a ser "capturados", dan la grupa y cocean. Ofrecedles algo de comida para motivar su interés y cooperación.

❑ Pasadle el ramal por el cuello, justo por detrás de las orejas, antes de intentar ponerle la cabezada de cuadra.

Los que "atropellan" para salir del establo

Siempre que entréis en un establo, tened mucho cuidado de que el caballo no intente arrollaros.

Qué hacer

❑ Descorred en primer lugar el cerrojo inferior para, después, poder controlar simultáneamente la apertura de la puerta y los movimientos del caballo.

❑ Abrid la puerta lo justo para que podáis entrar; una vez dentro, volved a cerrarla y corred el cerrojo mientras cogéis al caballo.

❑ No dejéis la puerta entreabierta mientras le cepilláis o manipuláis, a menos que esté atado.

❑ A la vez que entráis, colocad una mano en el pecho del caballo para alejarle de la puerta. Si se resiste y os sobrepasa, haceos rápidamente a un lado para que no os pueda atropellar o aplastar contra el marco de la puerta mientras escapa (ver Los expertos en escapar del establo, arriba).

❑ Colocad una segunda puerta de tela o una barandilla a la altura del pecho del caballo, entre la cuadra y la puerta, para evitarle la tentación de salir a toda prisa.

Una segunda puerta de tela

Caballos agresivos ver también Avasalladores, p. 122

Algunas veces, el comportamiento agresivo no es sino una reacción malinterpretada de un caballo que se rebela porque se siente acorralado. No obstante, también es cierto que existen caballos con muy mal carácter sin un claro motivo que lo justifique. Hay circunstancias que provocan que los caballos actúen de un modo competitivo –como por ejemplo, cuando entráis en un establo colectivo o en el campo de una manada de caballos llevando un cubo de pienso– y hacen aflorar una serie de reacciones agresivas entre ellos.

Qué hacer

❑ Si intentáis coger a un caballo en su establo o en el campo y éste os da sus cuartos traseros, no os arriesguéis a recibir una coz. En vez de seguirle, esperad a que gire la cabeza hacia vosotros y os mire para que podáis colocarle la cabezada sin correr ningún peligro; si fuera necesario, "sobornadle" con algo de comida.

❑ Si estuviera en el campo con otros caballos, moveos entre la manada antes de dirigiros hacia el individuo que pretendéis capturar para no sobresaltar al grupo y provocar una estampida.

❑ Si un caballo pretende cargaros con la boca abierta y mostrándoos los dientes, salid de su camino lo más rápidamente que podáis.

❑ Si habéis quedado arrinconados al final del establo o en medio del campo, no podréis esquivarle ni correr más que él, así que usad lo que tengáis a mano para parecer más grandes y ahuyentarle –agitad en el aire la brida o la cabezada, moved los brazos y gritadle con fuerza–; después, reculad hasta la puerta del establo o la cancela del prado.

❑ Si os sorprende en plena faena, como limpiando la cuadra o recogiendo el estiércol del campo, interponed la carretilla entre ambos.

❑ Si un caballo normalmente tranquilo empieza a mostrar un carácter cada vez más agresivo, estudiad todas las facetas de su manejo y pedid al veterinario que lo examine.

Para hacer recular a un caballo, intentad parecer "más grandes"

Cómo voltear a un caballo

Cuando un caballo ha quedado inmobilizado sobre uno de sus costados y no puede levantarse por que sus patas han quedado sobre las paredes del establo, encima de la valla del campo o en el desnivel de un márgen, se dice que ha quedado "atrapado" o "atascado". Normalmente, esto ocurre cuando el animal se revuelca o se echa a dormir demasiado cerca de la pared, la valla o una pendiente pronunciada. Muchos caballos entran en pánico y reaccionan convulsionándose violentamente, con el consiguiente peligro de herirse y/o agotarse. Si permanecen atascados el tiempo suficiente, el peso de su propio cuerpo oprime el pulmón del lado del suelo y empieza a causarles dificultades respiratorias.

Qué hacer

❑ Buscad ayuda inmediatamente; necesitaréis dos ramales de dar cuerda y dos ayudantes fuertes ataviados con un casco, guantes y un calzado adecuado.

❑ Mientras esperáis la ayuda, intentad tranquilizar al caballo. Después, mientras los ayudantes pasan las cuerdas entre sus patas, apoyad una rodilla o sentaos sobre su crin (ver Cómo inmovilizar a un caballo tendido en el suelo, p. 107).

❑ Si el caballo lleva un cinchuelo "antiatascos", quitárselo; si fuera necesario, cortad el cuero de uno o ambos lados del arco de metal.

❑ Si el caballo ha quedado atrapado en un rincón del box, con la cabeza y el cuello doblados hacia atrás, en primer lugar, habrá que separarle un poco de la pared a fin que pueda usarlos para tomar impulso y poder levantarse. Para ello, deslizad el extremo de una cuerda por debajo de su cuello, pasadla entre sus patas delanteras y tirad de ambos extremos.

❑ Si la cama está muy acumulada en las paredes, puede que baste con retirarla para que el caballo pueda incorporarse; si no, tendréis que voltearle: rodead la cuartilla delantera más cercana al suelo con una de las cuerdas, y la trasera (también la más cercana al suelo) con la otra. Tened mucho cuidado de no quedar atrapados entre el caballo y la pared. Nunca atéis las cuerdas a las cuartillas.

❑ Las personas que sostienen los extremos de ambas cuerdas deben mantener una tensión suficiente para que no se les escurran entre las manos sin mover las patas del caballo, mientras la que está sentada sobre su cuello se levanta y se retira a un lugar seguro.

❑ Dejando la suficiente distancia de seguridad, las personas que van a voltear al caballo con las cuerdas, deben tirar hacia atrás a la vez, con un movimiento

Cómo voltear a un caballo con dos largos ramales de dar cuerda

sincronizado y la intensidad justa como para darle la vuelta. Nunca hay que enrollarse las cuerdas a la muñeca.

❑ Cuando el caballo se haya dado la vuelta, soltad inmediatamente las cuerdas y apartaos por si el caballo sacudiera violentamente las patas.

❑ Una vez esté levantado, ponedle una cabezada de cuadra, comprobad si ha sufrido alguna herida y, si observarais alguna lesión, avisad al veterinario.

❑ Aunque parezca que no se haya lastimado, observadle varias veces durante ese mismo día para confirmar que se encuentra bien.

❑ Puede que el caballo, una vez volteado, no se ponga en pie inmediatamente, sino que se quede unos momentos reclinado sobre el pecho, mientras se recupera. Si pasados algunos minutos sigue sin hacer ningún esfuerzo por levantarse, es incapaz de hacerlo o forcejea sin conseguirlo, avisad al veterinario.

Si ha quedado atrapado en una valla

Si el caballo ha quedado atrapado en una valla, lo más fácil y seguro será retirar la parte del cercado que le inmobiliza. Si resbala y queda atrancado en un remolque, desatad el ramal de la anilla y retirad la barra del pecho y cualquier compartimento móvil, antes de intentar voltearle.

Medidas de prevención

Para evitar que el problema se repita, seguid las siguientes pautas de manejo:

❑ Acumulad suficiente cama en los rincones del box para evitar que el caballo se tumbe peligrosamente cerca de las paredes.

❑ Aseguraos de que la cuadra sea lo suficientemente espaciosa para el caballo.

❑ Clavad algunos listones de madera o haced algunos surcos en los zócalos de las paredes, para que el caballo, de quedar atrapado, pueda empujar con sus cascos sin que éstos resbalen por una superficie demasiado lisa. Así, el animal tendrá alguna posibilidad de alejarse del muro y liberarse por sí solo.

❑ Si al caballo le encanta revolcarse después del ejercicio, soltarle un momento en la pista o en el paddock antes de entrarlo en su cuadra.

❑ Si veis que se revuelca muy a menudo, comprobad que no muestra ningún otro síntoma de cólico (ver Cólicos, p. 52), que la manta no le ocasiona ninguna molestia o que no tiene picor debido, por ejemplo, a los detergentes con que laváis sus arneses.

❑ Los cinchuelos "antiatascos" pueden resultar útiles.

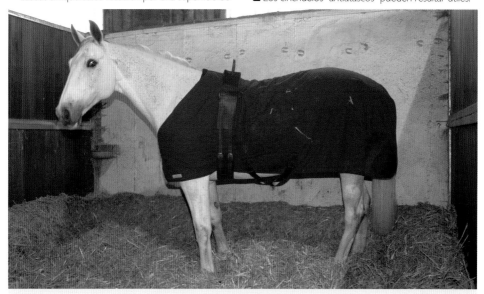

El uso de un cinchuelo "antiatascos" y el amontonar la cama junto a las paredes, pueden minimizar el riesgo de que el caballo quede atrapado

Patas atrapadas en las correas de las mantas

Algunas veces, los caballos se enredan las extremidades posteriores entre las correas simples o cruzadas que se usan para asegurar las mantas. Este incidente suele ocurrir cuando el caballo se echa en el suelo y las correas cuelgan demasiado. En una situación así, puede que el caballo pueda incorporarse y puede que no.

Qué hacer

❑ Si el caballo no puede levantarse, intentad calmarle y que deje de forcejear; si es necesario, arrodillaos o sentaos sobre su cuello (ver Cómo inmovilizar a un caballo tendido en el suelo, p. 107) y pedid ayuda.

❑ Cuando ésta llegue, una persona debe seguir inmovilizándole mientras otra desabrocha las correas desde el lado opuesto a sus patas. Si las hebillas se han torcido y no pueden ser desabrochadas, habrá que romperlas con unos alicates o cortar las correas.

❑ Antes de que el caballo se incorpore, separaos prudentemente de él.

❑ Si sigue sin poder levantarse, avisad al veterinario.

❑ Si el caballo está de pie, con una pata atrapada, sentiréis la tentación de liberarle vosotros mismos; no lo hagáis: no hace mucho, una persona que se arriesgó a ello murió a causa del impacto de una coz en su cabeza. Pedid siempre ayuda y colocad una cabezada con ramal para que alguien pueda controlar al caballo mientras otra se ocupa de la manta.

Comprobad que la manta se adapte correctamente al caballo.
Arriba: Con las hebillas abrochadas, deberíais poder pasar la anchura de vuesta mano entre las correas cruzadas y la barriga del caballo.
Izquierda: De igual modo, debería haber la anchura de vuestra mano entre las correas y las patas del caballo.

Patas atrapadas en la red del forraje

Las redes del forraje pueden constituir un verdadero peligro en el establo; es esencial colgarlas a una anilla fijada a la altura de la cabeza del caballo (nunca a un cordel de bala), con un nudo fácil de desatar (ver p. 118). Aun así, implican cierto riesgo: una red vacía cuelga más que cuando está llena; sus cordones pueden deshilacharse y romperse, o desatarse accidentalmente mientras el caballo come el forraje. Si la red no cae al suelo y el caballo se enreda una pata en ella, hay que hacer lo siguiente:

Qué hacer

❏ Intentar calmar al caballo.

❏ Colocarle una cabezada de cuadra y pedir a alguien que os lo sujete.

❏ Cortar la red con unas tijeras. De intentar desenredarle la(s) pata(s), sólo conseguiríais asustar más al caballo y prolongar el tiempo del "rescate".

Cómo dar el forraje

Colocar el forraje dentro de una red no es la mejor manera de ofrecérselo al caballo: a ellos les resulta más natural comerlo desde el suelo (como mientras pastan), por varias razones: en primer lugar, comer desde el suelo facilita el funcionamiento de su aparato respiratorio y el proceso de masticación, ya que, en esa posición, los dientes del caballo están mejor alineados. Cuando come el forraje de una red —dejando a parte los riesgos que implica—, la digestión se vuelve menos eficiente y la posición corporal del caballo distorsiona el movimiento de sus músculos y su dentadura. Ciertamente, las redes facilitan el hecho de pesar y remojar el forraje, pero después deberían vaciarse en el suelo. Para ahorrar el inevitable desperdicio, se puede colgar un pesebre en uno de los rincones del establo.

Poneos un casco y estad muy atentos, pues tendréis la cabeza a una altura peligrosamente baja si el caballo da alguna que otra patada.

❏ Comprobar si el caballo ha resultado herido; la malla de nilón plastificado puede habérsele incrustado profundamente en la piel.

❏ Algunas veces, los caballos meten un casco dentro de la red vacía (porque no estaba colgada suficientemente alta). En este caso, desatad la red de la anilla antes de intentar desenredar la pata, como en el caso anterior. Si el nudo ha quedado fuertemente apretado debido al forcejeo del caballo o al peso de la extremidad aprisionada, cortad el cordel.

Si en vez de dar el forraje en el suelo utilizáis una red, aseguraos de que esté colgada a la altura adecuada. El extremo inferior de la misma, cuando está vacía, no debería colgar por debajo de la espalda del caballo

---

Si la brida queda atrapada en el cerrojo de la puerta

Nunca dejéis a un caballo con la brida puesta dentro del establo, ni atado cerca de la puerta de éste, para evitar que la misma brida, las riendas o las anillas del bocado puedan quedar atrapadas en el cerrojo. El hecho de sentirse inmovilizado puede aterrorizar al caballo.

Qué hacer

❏ De ocurrir, intentad pasar las riendas hacia delante, por encima de sus orejas, para aliviar la tensión.

❏ Si el caballo está tirando demasiado fuerte como para intentar esto, probad a desabrochar rápidamente una de las carrilleras de la brida; el hierro quedará colgando fuera de su boca y el resto de la brida le libe-rará la cabeza.

❏ A continuación examinad detalladamente su boca en busca de heridas o rozaduras, y comprobad los daños que hayan podido sufrir el bocado y la brida.

El caballo que tira hacia atrás mientras está atado

Si algo atemoriza al caballo estando atado, puede que empiece a tirar desesperadamente del ramal; cuando esto ocurre, la repentina presión en su nuca, el sentirse restringido y la imposibilidad de huir de lo que le asusta, hacen que el caballo se debata cada vez más. Siempre es preferible atar al caballo a un cordel enganchado a una anilla que a esta misma directamente, porque, ante la misma tensión, el cordel se rompe, mientras que la anilla no. Las fuertes sacudidas del caballo pueden provocarle lesiones en el cuello, o hacerle resbalar y caer.

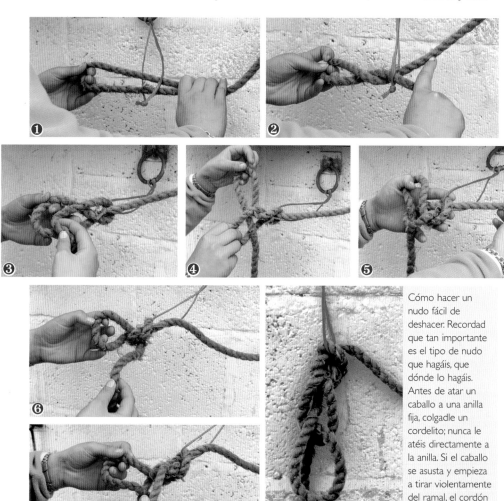

Cómo hacer un nudo fácil de deshacer. Recordad que tan importante es el tipo de nudo que hagáis, que dónde lo hagáis. Antes de atar un caballo a una anilla fija, colgadle un cordelito; nunca le atéis directamente a la anilla. Si el caballo se asusta y empieza a tirar violentamente del ramal, el cordón se romperá ¡y le evitará graves heridas!

Qué hacer

- No intentéis hacerle andar hacia delante (lo que haría es tirar hacia atrás con más fuerza).
- Atadle siempre con un nudo fácil de deshacer; no lo apretéis.
- Para deshacer el nudo, simplemente tirad del cabo suelto.
- Si el caballo ha apretado tanto el nudo que no podéis deshacerlo (o habíais hecho un nudo fijo), cortad el cordel al que está atado.
- El cordel que atéis a la anilla deberá ser rompible; si usáis los que vienen en las balas de forraje, atad solamente uno.
- Si no podéis desatar el ramal ni tenéis un cuchillo para cortar el cordel, haced que el caballo se desplace lateralmente, a fin de reducir la presión en su cabeza, mientras pedís ayuda.
- Si el caballo lleva una cabezada de presentación, en vez de una cabezada de cuadra, aseguraos de que la muserola esté abrochada sin que le apriete excesivamente.
- Si el esquilado o el herrado son actividades que le asustan, pedid a alguien que os sujete el caballo en vez de atarle.

> **Nunca:**
> - Dejéis a un caballo atado sin vigilancia.
> - Atéis a un caballo a un objeto fijo o muy pesado.
> - Le atéis con las riendas de la brida.
> - Le atéis con una cabezada de control (como las que se usan con los sementales).

El que teme el esquilado

Normas para esquilar con seguridad

- Aunque esquiléis a un caballo tranquilo, hacedlo siempre con mucho cuidado.
- Haced revisar vuestro equipo regularmente.
- Si usáis una esquiladora eléctrica, utilizad siempre un cortacircuitos.
- Las cuchillas deben estar afiladas y correctamente tensionadas, y el caballo limpio y seco; de otro modo, el proceso puede incomodar e irritar al animal.
- En vez de atarle, pedid a alguien que os sujete el caballo.
- Recordad que, mientras le manipuláis, estáis en una posición vulnerable, particularmente mientras le esquiláis la parte delantera del pecho, bajo la barriga y entre las extremidades anteriores y posteriores; en estas zonas, la piel del caballo es más fina y puede tener cosquillas.
- Si un caballo no soporta el esquilado y/o empieza a rebelarse, interrumpid la sesión inmediatamente y, por la seguridad de todas las personas que rodeáis al caballo, pedid al veterinario que le administre un sedante antes de proseguir.

Cómo sacar una herradura

Si una herradura anda floja y vuestro herrador no puede venir a asistiros, tendréis que sacarla vosotros mismos para evitar que se la arranque de cuajo con algún objeto o que se le retuerza bajo el pie. Cualquiera de estas dos cosas podría perjudicar el casco o a alguna otra extremidad, un clavo podría penetrar en una capa sensible o el caballo podría tropezar y caer.

No hay nada como la experiencia, así que pedid a vuestro herrador que os enseñe a sostener correctamente los cascos anteriores y posteriores y, si fuera posible, que os deje sacarles las herraduras bajo su supervisión la próxima vez que venga a herrar a los caballos.

Ropas y herramientas adecuadas

Prescindiendo del vestuario de vuestro herrador, cuando vayáis a sacar una herradura, poneos una ropa adecuada y resistente, un casco, unos guantes y un calzado robusto. También necesitaréis algo que os proteja las piernas: quizás el herrador os pueda dar uno de sus viejos delantales de cuero; como alternativa, podéis usar unos chaps de cuero.

Haceos con algunas herramientas de herrero: un desclavador (que hay que mantener bien afilado; de no estarlo, no os servirá para nada), un martillo, unas tenazas para desherrar y una escofina.

Si no podéis comprar vuestro propio equipo de emergencia, preguntad al herrador si os puede regalar algunas de sus viejas herramientas.

Cómo sacar una herradura

Para empezar, poneos una ropa que os proteja, agrupad todas las herramientas cerca y pedid a alguien que os sostenga el caballo a vuestro mismo nivel, en una zona bien iluminada.

Sacar la herradura de una mano
- ❑ Levantad el casco, flexionando la rodilla y la articulación del codo del caballo, y desviad ligeramente la extremidad hacia el exterior.
- ❑ Manteneos de cara a los cuartos posteriores y colocad el casco entre vuestras piernas, justo por encima de las rodillas. Girad un poco las puntas de los pies y las rodillas hacia el interior, para poder sujetar firmemente el casco.
- ❑ Recordad flexionar la cadera y las rodillas, pero mantener la espalda recta.

Sacar la herradura de un pie
- ❑ Levantar el casco flexionando las articulaciones del corvejón y la babilla.
- ❑ Manteneos de cara al final de la cola del caballo, llevad el pie hacia atrás y ligeramente hacia fuera, pasad la caña a través de vuestros muslos y suje-

Cómo sostener una mano

Cómo sostener un pie

tad el casco por encima de vuestras rodillas.

❏ Girad las puntas de los pies y las rodillas hacia el interior para soportar el peso de su extremidad. No intentéis sostenerlo entre las piernas.

Cómo extraer los remaches

❏ Colocad la cara afilada del desclavador bajo cada remache, y golpead el lado plano hasta que la punta del remache se separe de la pared del casco.

❏ Si un remache está muy apretado y no podéis levantarlo con facilidad, usad la escofina para li-

Cómo se saca un remache

marlos un poco.

❏ A continuación, usad las tenazas de desherrar para separar la herradura del talón. Haced esto en ambos lados del talón y dejad de nuevo el pie en el suelo; esta operación hará que las

Cómo usar las tenazas de desherrar para separar la herradura del talón

cabezas de los clavos que sujetaban la herradura al talón, se separen de él.

❏ Agarrad la herradura con las tenazas y, haciendo palanca contra el pie, separadla del perfil del casco.

❏ Ahora, también con las tenazas, levantad la herradura para hacer saltar el primer par de clavos. Haced lo mismo con todos los restantes.

Extractor de clavos

Si sabéis usarlo correctamente, os hará la tarea más fácil, especialmente en caballos recién herrados. Pedid a vuestro herrador que os enseñe cómo funciona.

❏ No pretendáis hacerlo en un solo gesto, como hace vuestro herrador; la mayoría de la gente no tenemos tanta habilidad y nos arriesgaríamos a estropear gravemente la pared del casco.

❏ Una vez hayáis extraído la herradura, comprobad el buen estado del casco y, si hubiera algún borde irregular, limadlo suavemente con la escofina para que no se astille más.

❏ Si fuera necesario, colocadle un zapato protector (como un Equiboot de los que se usan como emergencia en las excursiones) para proteger el casco hasta que pueda verlo el herrador.

Comprobaciones rutinarias

Cada día hay que comprobar el estado de las herraduras. Incluso si están en buen estado, como el casco crece continuamente, hay que herrar a los caballos a intervalos regulares. La frecuencia del herrado depende de cada caballo, del trabajo que realiza y de la época del año (los cascos, especialmente los de los caballos que viven al exterior, crecen más rápidamente durante los meses calurosos). Una frecuencia habitual es cada 4-6 semanas.

Los remaches separados del casco pueden estar muy afilados y herir a las demás extremidades. Aplastadlas contra la pared del casco con un martillo y pedid al herrador que revise el herrado tan pronto como pueda.

Ver también:

Caballos agresivos, p. 113

Cómo voltear a un caballo, p. 114

Patas atrapadas en las correas de las mantas, p. 116

Patas atrapadas en la red del forraje, p. 116

El caballo que se encabrita mientras se le lleva
    del diestro, p. 109

El caballo que empuja mientras se le lleva
    del diestro, p. 109

El caballo que corcovea y cocea cuando se le saca al exterior

Algunos caballos, especialmente aquellos que han estado esperando su turno mientras los demás ya estaban libres, muestran un comportamiento excitado, corcoveando y coceando al aire, cuando se les saca del box. Otros, se comportan así cuando salen tras un largo período de convalecencia en la cuadra.

Qué hacer

❑ Si tenéis que sacar de la cuadra a un caballo así, necesitaréis la ayuda de otra persona que os abra y cierre las cancelas del prado; de esta manera, os podréis concentrar únicamente en el caballo. Pedid a vuestro ayudante que mantenga entornada la puerta hasta que hayáis podido salir del campo.

❑ Una vez hayáis entrado en el prado con el caballo del diestro, hacedle girar y colocadle de cara a la puerta. Mientras le quitáis la cabezada, permaneced cerca del lado de apertura de la cancela: de este modo, podréis escapar rápidamente de su trayectoria y colocaros en un lugar seguro mientras él se da la vuelta para salir corriendo.

Antes de liberarle, giradle siempre la cabeza hacia la puerta

Intimidamientos

Los caballos que conviven en grupo en el exterior suelen tener una jerarquía bien definida. Sin embargo, algunas veces uno de ellos puede ser injustamente intimidado por uno o más integrantes de la manada, lo que le supone una constante amenaza física.

Los problemas llegan:

❑ Cuando dos caballos están en la misma categoría jerárquica.

❑ Cuando un caballo no está debidamente "socializado".

❑ Cuando el pasto escasea y hay que competir por la comida.

❑ Cuando yeguas y capados pastan juntos.

❑ Cuando se altera el equilibrio del grupo añadiendo o suprimiendo a alguno(s) de sus componentes.

Qué hacer

❑ Siempre que se introduzca un nuevo miembro a la manada hay que tomar algunas precauciones; lo mejor es hacerlo de un modo progresivo, presentándole a sus compañeros, uno por uno.

❑ Si un caballo de la manada tiene cierto comportamiento agresivo e intimidatorio respecto a los demás, sacadle del campo antes de intentar rescatar a su "víctima"; de este modo, evitaréis que os amenace mientras os alejáis con ella.

❑ Siempre que introduzcáis un nuevo caballo a un grupo, vigiladle durante los primeros días.

CASO PRÁCTICO

Un caballo modélico que se convirtió en un tirano

George, un caballo modélico en muchísimos aspectos, se comportaba como un auténtico tirano en el campo. A pesar de las muchas quejas de los demás propietarios de la caballeriza, no se hizo nada al respecto hasta que un día aplastó a un poni contra una alambrada de púas. El poni resultó gravemente herido por múltiples cortes que requirieron varias operaciones de sutura. Tras el accidente, se trasladó a George al paddock adyacente y se le hizo visitar por un veterinario que descubrió que no había sido bien castrado.

Fugas

Los caballos son, por naturaleza, animales de grupo, lo que significa que prefieren la compañía de sus semejantes a estar solos. Sin embargo, si ocupan un escalafón bajo de la pirámide jerárquica, si hay poca comida o viven atemorizados por algún miembro de la manada (ver Intimidamientos, p. 122), pueden intentar "fugarse" o ser sencillamente expulsados del campo en el que viven. Pueden intentar marcharse si, por ejemplo, hay un camino que pasa a través de su prado y alguien ha olvidado cerrar una cancela, o si, por simple curiosidad, tienen la idea de empujarla y ésta se abre porque está rota o mal reparada. Es muy importante contar con un seguro que cubra este tipo de incidentes; os cubrirá de los eventuales daños que el caballo pueda ocasionar y de los que vosotros exclusivamente seréis los responsables.

Hay que revisar diariamente los vallados; si descubrís un punto débil pero no tenéis tiempo o herramientas para repararlo inmediatamente, no dejéis ningún caballo en ese campo hasta que hayáis solucionado el problema.

Si los caballos empiezan a empujar la valla para comer la hierba que hay al otro lado, no tardarán mucho en debilitarla, y algunos caballos pesados aprenden a apoyarse en ellas para derribarlas. En ese caso, interponed un cableado eléctrico que cree un márgen de seguridad entre el caballo y la valla.

Mientras se revuelcan, los potrillos pueden pasar por debajo del vallado accidentalmente e incluso algunos ponis pequeños lo hacen adrede: los travesaños de las vallas deben ser lo suficientemente bajos para impedirlo.

Algunos caballos aprenden a saltar la valla para escapar del campo: instalad un cableado eléctrico en la parte interior del vallado, aumentad la altura de la valla y colocad un segundo vallado en el lado exterior para impedírselo.

Qué hacer

❑ Si llegáis al prado y descubrís que vuestro caballo se ha escapado, avisad inmediatamente a la
policía y al veterinario local, para saber si alguien
le ha llamado para atender a un caballo perdido
y herido.

❑ Contactad con todos los amigos que puedan
ayudaros a hacer una batida.

❑ Haceos con una cabezada de cuadra y un cubo
de pienso y buscad alguna pista (como las marcas de sus herraduras) de hacia dónde puede
haberse dirigido.

❑ Si os cruzáis con otro(s) caballo(s) perdido(s),
tened mucho cuidado, pues pueden estar muy
excitados y echar a correr en cualquier momento y dirección. Si os encontráis cerca de
una carretera, parad a varios conductores y pedidles que os ayuden a organizar el tráfico
mientras avisáis a la policía y a los demás propietarios de los caballos.

❑ Si el caballo es vuestro, pedid ayuda; mientras
tanto, tratad de tranquilizarle e inmovilizarle
mediante movimientos suaves y lentos.

❑ Si hubiera un campo cerca, intentad que se diri-
ja hacia él para alejarle de la carretera, antes de
intentar atraparle.

Controlar a un
caballo sin una
cabezada es
prácticamente
imposible. En un
caso de emergencia,
improvisad una con
un trozo de cuerda

Ataques perpetrados contra los caballos

La incidencia de ataques perpetrados por
gente hacia los caballos es cada vez más preocupante. Este tipo de agresiones pueden ir
desde cortarles la crin o la cola, hasta horripilantes mutilaciones de miembros o genitales;
muchos de estos ataques son, evidentemente,
mortales. Proteger al 100 % las caballerizas
y los prados puede resultar imposible, pero
esforzaos en todo lo que podáis hacer al respecto (ver Seguridad, p. 164) y no presupongáis que estas agresiones sólo se cometen durante la noche: también ocurren a pleno día.

Qué hacer

Si sospecháis que alguien está atacando a un caballo, no os pongáis en peligro:

❑ No os acerquéis ni intentéis reducir al agresor vosotros solos.

❑ Avisad inmediatamente a la policía.

❑ Llamad al veterinario, por si fuera necesario.

❑ Apuntad cualquier detalle que ayude a detener al agresor (como el aspecto de sus ropas o las matrículas de todos los vehículos que estén aparcados cerca).

Si descubrís a un caballo con heridas sospechosas provocadas por un ataque:

❑ Consultad al veterinario: muchas veces, esas heridas no son el resultado de un ataque, sino simplemente heridas y/o contusiones (por ejemplo, una quemadura se parece mucho a la herida causada por un cuchillo).

❑ Si el veterinario concluye que la herida es el resultado de un ataque, llamad a la policía.

❑ Anotad cualquier detalle relevante que pueda ayudar en la investigación.

❑ Intentad no deambular por la zona del ataque más de lo necesario para no estropear pruebas.

Fuegos artificiales

Cada año hay pequeños accidentes relacionados con animales y/o personas durante los fuegos artificiales. Durante este tipo de espectáculos, la mayoría de los caballos están mejor dentro del establo; ello evita que, asustados por los estallidos y las luces, rompan las cercas de los campos y escapen, y también que resulten heridos accidental o intencionadamente.

Normalmente, los eventos pirotécnicos populares se anuncian con antelación en lugares públicos, pero las pequeñas fiestas de carácter privado no suelen avisarse y pueden provocar algún problema. Pedid a los vecinos que os adviertan de sus planes o si se enteran de que en algún lugar cercano tendrá lugar una fiesta con fuegos artificiales.

Si consideráis que una fiesta se desarrollará demasiado cerca de vuestros establos, considerad alojar a vuestros caballos en un lugar más alejado, durante esa noche.

Qué hacer

❑ Antes de que anochezca, entrad en el establo a los caballos que estén en el campo (las fiestas infantiles suelen empezar temprano).

❑ Aseguraos de tener a mano arena, agua y extintores (ver Incendios, p. 110 y Medidas de prevención, p. 166). Además de los fuegos artificiales, las chispas desprendidas de las hogueras pueden poner en peligro a las caballerizas.

❑ Dad mucho forraje a los caballos para que estén entretenidos y echadles un vistazo de vez en cuando durante esa noche. Si hay algún caballo nervioso, consultad previamente al veterinario.

❑ Al día siguiente, antes de sacar a los caballos, examinad cuidadosamente el campo en busca de cohetes u otro tipo de fragmentos extraviados.

Estados de abandono

Estos casos pueden ser muy frustrantes tanto para la persona que los descubre, como para las que se ocupan de ellos, ya que, en muchas ocasiones, no se puede actuar de inmediato. Tanto si la causa de un estado de abandono es la pura ignorancia, como si es una crueldad intencionada, a menudo no se puede sino advertir al propietario y posteriormente visitar al animal con regularidad para comprobar que la situación se está solucionando.

Qué hacer

❑ Si sospecháis que un caballo sufre de abandono o está siendo maltratado, contactad con una asociación protectora de équidos (ver Sociedades Protectoras de équidos, en el Índice, o http://animalessinhogar.com).

❑ Si consideráis que la situación es una verdadera emergencia, acudid a la comisaría local; puede que se muestren algo reacios a afrontar el tema, así que tendréis que insistir mucho (si ponéis una denuncia, no tendrán más remedio que ocuparse de ella e investigar el caso con un veterinario o un responsable de la protectora).

❑ Aportad cuantos detalles podáis, incluido el nombre del propietario del animal, el lugar donde éste se encuentra y la naturaleza del problema.

❑ Pedid a la asociación protectora que os informe de cómo y cuándo se ha llevado a cabo la investigación y de la decisión que han tomado referente al animal.

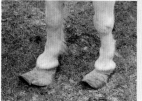

Estas fotografías cedidas por la ILPH (The International League for the Protection of Horses) muestran unos típicos casos de abandono

La ILPH, con sede en el Reino Unido, informa de lo siguiente:
Cualquier persona que se cruce con un caballo, poni o burro que parezca estar sufriendo, debe llamar al teléfono de la ILPH (0870 871 1927). Las causas de su mal estado pueden ser debidas a:

❑ poca o nada de agua, especialmente en verano;

❑ ningún alimento (ni hierba ni forraje);

❑ condición física deplorable (ver foto arriba izquierda): huesos de la cadera, cruz y columna vertebral visibles. (Estas condiciones se aprecian fácilmente en verano, pero no tanto en invierno, debido al pelaje largo y denso);

❑ heridas evidentes y/o infecciones cutáneas sin tratamiento;

❑ excesivo crecimiento de los cascos (ver foto izquierda).

Qué no hacer

❑ Informar simultáneamente a varias organizaciones protectoras, a fin de no crear confusiones, ahorrar esfuerzos y aumentar las posibilidades de éxito de recuperación del animal.

❑ Intentar hacerse cargo del problema personalmente, independientemente de lo tentador que resulte. Si el propietario del caballo está siendo in-vestigado y el animal a la espera de serle requisa-do, vuestra intervención daría al traste con varias semanas de trabajo.

❑ Sustraer el caballo quebrantando la ley y arries-gándoos a ser acusados de robo o a forcejear físi-camente con su propietario.

Atrapado por la cabezada de cuadra

Nunca hay que dejar a un caballo en el prado o en el establo con la cabezada de cuadra puesta, pues existe el riesgo de que se enganche en algún lugar o de que, al intentar rascarse la cabeza con un posterior –como muchos hacen–, éste le quede atrapado y le haga caer.

El material de nailon con el que normalmen-te se fabrican las cabezadas, tiene la virtud de ser irrompible. Una fina cabezada de cuero es mucho más confortable y en caso de emer-gencia, se rompe.

Qué hacer

❑ Si por alguna razón tenéis que dejar al caballo en el campo con la cabezada puesta, aseguraos de que ésta es de la talla adecuada y que incorpora un sis-tema de seguridad de apertura rápida, de manera que, si el caballo queda atrapado, la presión del forcejeo la abra y le libere (sin embargo, nunca uséis este tipo de cabezadas para llevar al caballo del diestro). Si tiene que llevar la cabezada durante un período largo de tiempo, comprobar a diario que no le provoque ninguna rozadura en la cabeza.

❑ Si un caballo ha quedado atrapado en algún objeto y no lleva una cabezada de seguridad, acercaos con mucho cuidado pues, en su esfuerzo por liberarse, posiblemente dé fuertes tirones y patadas. Desabrochádsela para liberarle lo antes posible y

haceos rápidamente a un lado para que no os atro-pelle en su huida.

❑ Si la hebilla ha quedado trabada debido a los tirones, tendréis que cortarla. Intentad tranquilizar e inmovilizar al caballo (ver Cómo controlar a un ca-ballo, p. 104) y pedid ayuda.

❑ Si le ha quedado un pie trabado en la cabezada –porque ésta le quedaba demasiado grande–, pro-ceded como antes, pero situaos delante de su cabeza para que, al liberarlo, no os dañe con el pie.

❑ Si el pie atrapado le ha hecho caer, liberadle desde detrás de su cabeza para que no os dé una patada mientras intentáis ayudarle o inmediatamente des-pués, cuando intente ponerse en pie.

Patas atrapadas en una alambrada

El alambre es un material muy inadecuado para delimitar los campos donde pastan los caballos, y los alambres con púas representan un alto riesgo en lo que concierne a heridas. Si hay caballos a ambos lados de la alambrada, existe el peligro añadido de que, mientras intentan confraternizar entre sí dando manotazos en el suelo, les quede una mano enredada en los alambres. Las mallas metálicas como las que se emplean en los prados de ovejas no son mejores: es posible que a un caballo le quede un casco atrapado en uno de los agujeros.

Si, por alguna causa, hay que usar algún tipo de vallado de uno de estos materiales, hay que instalar un cercado eléctrico para caballos, bien visible, a unos cinco metros de la alambrada, que constituya un razonable margen de seguridad.

Qué hacer

Si encontráis a un caballo atrapado en una alambrada, haced lo siguiente:

❑ Pedid ayuda inmediatamente. Necesitaréis al menos una persona equipada con unos alicates para cortar alambres, vestimenta adecuada para vosotros dos y una cabezada de cuadra con ramal.

❑ Mientras la esperáis, tratad de tranquilizar al caballo.

❑ No intentéis desenredarle la pata: sólo conseguiríais asustarle y el caballo intentaría recular o ponerse de manos, empeorando la situación.

❑ Cuando llegue el ayudante, antes de socorrer al caballo, poneos el casco y los guantes. Uno de vosotros deberá sujetar al animal, a ser posible, desde el mismo lado del que está su compañero.

❑ Un alambre bien tensado salta violentamente cuando se corta, así que tened mucho cuidado y estad alerta. Si contáis con una tercera persona, pedidle que sujete el alambre para evitar la sacudida. Si el alambre ha quedado insertado entre la herradura y el casco, habrá que cortarlo por ambos lados.

❑ Estad muy pendientes del caballo por si, repentinamente, diera un tirón para escapar y estad preparados para haceros rápidamente a un lado y salir de su alcance. Algunos caballos esperan tranquilamente, pero otros se debaten cuando uno menos se lo espera.

❑ Cuando hayáis liberado al caballo, examinadle en busca de heridas y tratádselas según convenga.

❑ Comprobad que el caballo tenga la vacunación antitetánica al día.

Cómo usar unos alicates para cortar alambres

El caballo que ha caído en una zanja

En más de una ocasión, un caballo ha caído en una zanja y ha sido incapaz de salir por sí mismo. Para evitar un accidente de este tipo hay que vallar cualquier zanja que atraviese el campo en el que pastan los caballos.

Qué hacer

❑ Si el caballo está de pie, pero no puede salir porque los márgenes son demasiado verticales o no tiene espacio suficiente para maniobrar, colocad algunas balas de forraje por las que pueda subir.

❑ Si ha caído de lado o de espaldas, pedid ayuda inmediatamente. Puede que necesitéis a un veterinario para que le examine después o le sede antes de iniciar la operación de rescate, y a los bomberos o a alguien que posea un tractor para izarle.

❑ Recordad que, como los caballos sólo pueden respirar a través de sus ollares, una pequeña cantidad de agua puede bastar para ahogarles. Si la zanja está inundada, levantadle la cabeza; para ello, podéis usar una bala de forraje. Tened mucho cuidado de no quedar atrapados entre sus patas si, de entrar en pánico, empezara a agitarlas en el aire.

❑ Si un jinete hubiera quedado atrapado debajo del cuerpo del caballo, llamad también a una ambulancia. En un caso así, actuar con rapidez es vital, pues las heridas por aplastamiento pueden causar complicaciones muy serias e incluso riesgo de muerte.

Se puede improvisar una rampa con algunas balas de forraje

Fenómenos naturales de fuerza mayor

El clima de EE.UU. es uno de los más violentos del mundo; en tan sólo un año pueden registrarse alrededor de 10.000 tempestades, 1.000 tornados y varios huracanes. No es de extrañar, pues, que la American Association of Equine Practitioners (AAEP) haya publicado una serie de guías que indican cómo hay que prepararse para combatir estas inclementes situaciones de emergencia.

Aunque nuestro clima no es normalmente tan severo, hay zonas propensas a lluvias torrenciales y desbordamientos de ríos o embalses, aludes de nieve o tierra, o fuertes ráfagas de viento que pueden pillarnos desprevenidos. Sea como sea, cualquier cambio brusco de las condiciones climáticas entraña un riesgo para las instalaciones y la supervivencia de los seres vivos.

Qué hacer

Para trazar un plan a seguir, es importante determinar qué tipo de desastre natural es el que suele afectar a vuestra ubicación geográfica:

❏ Estad atentos e informados acerca de cualquier alerta climatológica y tened preparados los botiquines de emergencia que podáis necesitar (incluidos los de primeros auxilios para caballos y personas), más las reservas de agua y comida suficientes para un período de 48-72 horas.

❏ Aseguraos de tener en condiciones el sistema de recarga del teléfono móvil, o de que podréis conectarlo al encendedor del coche, en caso de apagón eléctrico.

❏ Considerad la posibilidad de haceros con un generador, por si el corte del suministro eléctrico durara más de lo previsto.

❏ Puede que tengáis que evacuar a vuestro caballo y trasladarlo a un lugar seguro: comprobad que todas las rutas que vais a transitar estén despejadas y que tendréis acceso a un medio de transporte adecuado. Haced una lista de lugares alternativos en los que podríais alojarle en caso de dificultades inesperadas en el terreno.

❏ Preparad un dossier con información referente a vuestro caballo, incluyendo descripción, dieta y medicación que necesite (si la necesita). Comprobad que tiene las vacunas al día; si no, podrían negarle la entrada en otra caballeriza. Si tuvierais que evacuarle, llevad esta documentación encima.

❏ "Asociaos" con un amigo: entre los dos, sumaréis fuerzas y podréis ayudaros antes, durante y después del incidente.

Inundaciones repentinas

Antes de emprender una ruta a caballo, consultad siempre los últimos pronósticos climatológicos. Aunque éstos sean favorables, recordad que las condiciones climáticas pueden cambiar de un momento a otro y que los riesgos siempre existen.

Qué hacer

Si os véis sorprendidos por un cambio climático brusco, recordad estos consejos:

❑ No atraveséis ningún río ni corriente de agua que pueda crecer más deprisa de lo normal.

❑ No cabalguéis por terrenos (ya secos) cercanos a ríos que hayan resultado inundados recientemente.

❑ Si empieza a haber un riesgo de inundación, dirigíos a terrenos más altos; si la inundación amenaza los establos, evacuad a los caballos.

Tormentas y descargas eléctricas

Antes de salir con el caballo, escuchad siempre el parte meteorológico y nunca salgáis durante una tormenta o si hubiera posibilidades de que ésta se desencadenara. Las tormentas siempre van acompañadas de descargas eléctricas; un relámpago puede descargar un millón de voltios de electricidad a una temperatura de 30.000 ºC. Hay otros fenómenos naturales que pueden cursar con tempestades, inundaciones, tormentas de granizo o piedra, o fuertes ráfagas de viento.

Qué hacer

Si, mientras estáis cabalgando al exterior, os sorprende una tormenta, tratad de:

❑ Buscar un refugio seguro lo antes posible.

❑ Si veis un relámpago, contad los segundos que pasan entre la descarga eléctrica y el trueno. Cuanto más tiempo transcurra entre ambos, más alejada de vosotros está la tormenta (aun así, no dejéis de buscar un lugar seguro).

❑ Si vuestro caballo empieza a inquietarse, tratad de calmarle. Si no os sentís seguros sobre él, descabalgad. Estad muy atentos a vuestra seguridad mientras le lleváis del diestro.

❑ Alejaos de cualquier tendido eléctrico o torre de alta tensión que pudieran caer derribados por un rayo.

❑ No os refugiéis bajo un árbol, pues los rayos suelen caer sobre el objeto más alto de una determinada área; mucha gente ha muerto electrocutada por la corriente que se propaga por el suelo tras dar en un árbol, o porque la caída de ese mismo árbol les ha aplastado.

❑ Alejaos del agua y de cualquier objeto metálico, como una alambrada.

❑ Evitad los espacios abiertos y las cumbres de las colinas.

❑ Si notáis que se os eriza el pelo o que los objetos de alrededor empiezan a zumbar, alejaos lo más rápidamente que podáis, pues puede que un relámpago esté a punto de caer.

❑ Si estáis en un espacio abierto y no encontráis ningún refugio, desplazaos a terrenos más bajos.

❑ Si una persona es alcanzada por un rayo no quedará ningún campo eléctrico a su alrededor y podréis tocarla sin correr peligro. Llamad a los servicios de emergencia pertinentes, comprobad su pulso y respiración y practicadle los primeros auxilios (ver Respiración artificial, p. 158, y Reanimación cardio-pulmonar, p. 159).

Averías y percances durante el viaje

La mayoría de las averías que afectan a los remolques de caballos podrían haberse evitado con unas simples normas de mantenimiento o de haberle sometido a una revisión general. La inspección rutinaria por parte de un mecánico especializado (y particularmente la de aquellos remolques que no se han usado desde hace tiempo), es un hábito muy recomendable. Si habéis comprado un remolque de segunda mano, por mucho que a simple vista parezca impecable, deberíais someterle a una revisión mecánica antes de usarlo.

El mantenimiento regular y las revisiones rutinarias son vitales para evitar posibles accidentes

Qué hacer

❑ Asociaos a una empresa de asistencia en carretera que no sólo os auxilie durante las 24 horas del día en caso de avería, sino que también os proporcione un medio de transporte alternativo para vuestros caballos y os cubra su alojamiento en una instalación adecuada en el caso de que la reparación no pudiera llevarse a cabo inmediatamente.

❑ No salgáis en un día helado, especialmente si tenéis que transitar por carreteras asfaltadas; si perdéis el control del van o el camión en esas condiciones, no os será fácil detenerlo. Los vehículos muy altos tienen el riesgo añadido de que son más fáciles de desestabilizar por una racha fuerte de viento. Si el hielo o el viento os sorprenden, disminuid la velocidad y buscad un lugar guarecido en el que podáis parar y esperar a que amaine.

❑ Si usáis un remolque, aseguraos de que el vehículo que lo conduce tiene suficiente potencia para arrastrar tanto peso. Si nunca habéis conducido un re-

molque antes, pedid a una persona con experiencia que os acompañe a practicar, con el remolque vacío.

❑ Estad muy atentos a la carretera y su tránsito: tomaos más tiempo para frenar y para acelerar. Cuando subáis una cuesta muy empinada, tened cuidado: poned una marcha muy corta.

❑ Muchos accidentes con remolques empiezan con un movimiento de zigzag, es decir, que el remolque empieza a dar coletazos de lado a lado. Si os ocurre, levantad lentamente el pie del acelerador y empezar a frenar con suavidad; no intentéis acelerar ni frenar bruscamente. Intentar corregir el balanceo dando golpes de volante sólo empeora las cosas: agarradlo fuertemente y esperad a que el remolque se estabilice de nuevo.

❑ Si el remolque empieza a volcar, girad rápidamente el volante hacia el lado del que se está ladeando para reequilibrarlo.

❏ En caso de avería, a ser posible, aparcad el remolque en el arcén de la carretera. Conectad las luces de avería, colocad los triángulos reflectantes para alertar al resto de los conductores y llamad a vuestra compañía de asistencia en carretera.

❏ Mientras esperáis, echad un vistazo a los caballos pero no intentéis desembarcarles.

❏ En cuanto la ayuda llegue, ved si es posible efectuar la reparación inmediatamente; de no ser así, habrá que trasladar a los caballos a otro vehículo. Para hacerlo de un modo seguro, necesitaréis que os echen una mano.

❏ Si sufrís un accidente, desconectad la batería del automóvil, conectad los intermitentes de avería y colocad los triángulos reflectantes en la carretera.

❏ Comprobad si alguien (personas y caballos) ha sufrido algún daño y actuad en consecuencia: pedid a los demás conductores que os ayuden con los heridos y el control del tráfico.

❏ Llamad a los servicios de urgencia pertinentes.

En caso de avería, advertid a los demás conductores conectando los intermitentes de avería y colocando los triángulos reflectantes sobre la calzada

Accidentes de tráfico

Qué hacer

Debéis tener muy presente que, en un accidente de tráfico en el que esté implicado un caballo o poni herido, vuestra prioridad debe ser controlar simultáneamente al animal herido y al tráfico para evitar nuevos accidentes.

❏ Reclutad a cualquier conductor o peatón para que os ayude, pues vosotros no podéis estar en todas partes al mismo tiempo: pedidles que dirijan el tráfico, que se ocupen de las personas heridas, que avisen a los servicios de emergencia y, si vuestra presencia fuera más necesaria en otro punto de la escena, enseñadles cómo sujetar y controlar al animal.

❏ Si fuera posible, sacad al caballo de la carretera y colocadle en un sitio en el que no estorbe el tráfico. Si el caballo o poni no puede o no quiere moverse, posiblemente tenga alguna herida grave: no le obligéis a ponerse en pie ni a caminar. Si forcejea para levantarse pero no puede hacerlo, inmovilizadle arrodillándoos sobre su cuello (ver Cómo inmovilizar a un caballo tendido en el suelo, p. 107).

❏ Colocad las señales de aviso a 200 m por delante y por detrás del tramo del accidente. Aseguraos de que todos los vehículos implicados estén parados y desconectados (en el caso de las motocicletas, cerradles la válvula de suministro de combustible).

❏ Atended a las personas heridas y llamad a la policía y a los servicios de emergencia necesarios (ver Llamadas de urgencia, p. 102).

❏ Evitad discusiones y acusaciones, y concentraos en la situación; intentad mantener a la gente ocupada.

❏ Repasad mentalmente el accidente y tratad de recordar todos los detalles posibles.

El caballo que no quiere embarcar

Éste es uno de los problemas que resultan más frustrantes. Muy a menudo, es debido a una mala experiencia anterior –de la cual el propietario puede no saber nada en absoluto– y la solución pasa por una lenta reeducación del caballo, que le ayude a superar sus miedos. No obstante, mientras se le reeduque en este aspecto, es mejor no viajar con él a menos que sea absolutamente imprescindible.

Qué hacer

❏ En primer lugar, aparcad el remolque de manera que su interior esté lo mejor iluminado posible. Para optimizar la claridad del interior del habitáculo, podéis encender las luces interiores y bajar la rampa lateral delantera. No abráis la portezuela del mozo de cuadra: más de un caballo ha intentado escapar por ella y se ha quedado atrapado en el intento.

❏ Hay caballos que no se sienten seguros subiendo por una rampa demasiado empinada; en ese caso, colocad el van en una ligera pendiente para reducir la altura de la misma. Esparcid algo de cama por el suelo y la rampa para hacerle el embarque más apetecible. Para que el interior parezca más espacioso, abrid el compartimento separador.

❏ No perdáis la paciencia ni gritéis al caballo; ello le estresaría todavía más y le daría motivos para no querer entrar. Nunca intentéis entrar en un remolque montados.

❏ No tiréis constantemente del ramal ni de la cabezada: la reacción natural del caballo sería tirar hacia atrás o ponerse de manos. Para hacerle avanzar, ofrecedle algo de comida y animadle con la voz (por ejemplo, diciéndole "Vamos" o "Ven").

❏ Pedid a vuestro ayudante que le levante un casco después de otro para animarle a caminar. Entre un paso y el siguiente, esperad unos instantes. El ayudante debe tener mucho cuidado por si el caballo avanzara, reculara, andara de lado, se levantara o coceara inesperadamente.

Si tenéis que trasladarle en un remolque –por ejemplo, a una clínica veterinaria– tomaos mucho tiempo para embarcarle; si veis que el embarque se demora más de lo previsto, avisad al veterinario y, una vez estéis de camino, volvedle a llamar para que pueda calcular vuestra llegada. En un caso así, la ayuda de un asistente es fundamental.

Empujarle suavemente la grupa o darle unos golpecitos en los posteriores con una fusta, puede persuadir a un caballo para que avance

❏ Si ya tiene los anteriores sobre la rampa pero los posteriores siguen aferrados al suelo, dadle unos golpecitos en los pies, de modo alternativo, con una fusta, o mecedle suavemente la grupa con una mano para animarle a seguir avanzando. Si el caballo cocea, tened mucho cuidado; incluso si utilizáis una fusta para darle unos toquecitos en la grupa, mantened una distancia de seguridad. No uséis la fusta excesiva ni agresivamente: si un golpecito no ha surtido efecto, un azote tampoco lo hará.

❏ Si todos estos recursos fallan, coged dos cuerdas largas y atad cada una a un lateral posterior del remolque. Pedid a dos ayudantes que las sostengan por su extremo, formando un camino de la anchura

de la rampa, y haced avanzar al caballo entre ambas. A medida que el caballo avance, los dos ayudantes deben ir cambiando de lado de manera que
las cuerdas se entrecrucen bajo la grupa del caballo
y le animen a seguir andando hacia delante. (Observad en las fotos que todas las personas implicadas en el embarque deben llevar casco, guantes y
un calzado apropiado.) Los dos asistentes deben
estar atentos a las indicaciones de la persona que
conduce al caballo para saber cuándo deben
ejercer más presión y cuándo relajarla. Hay que evitar que las cuerdas se entrecrucen debajo del
maslo, porque ello asustaría mucho al caballo, y que
le resbalen por debajo de los corvejones.

❏ Si el caballo intenta tirar hacia atrás o recular deprisa hay que dejar caer las cuerdas, pues lejos de
hacerle avanzar, la presión de las mismas podría
hacerle perder el equilibrio y caer.

❏ Todas estas técnicas sólo deben ser llevadas a cabo
por gente con cierta experiencia en embarcar caballos.

Cómo usar un par de cuerdas para animar
a un caballo a embarcar

El caballo que teme al tráfico

Un caballo aprensivo y temeroso de la
carretera no debería circular por ella; las
carreteras son peligrosas incluso para los
caballos tranquilos. Aun cuando montéis a
un animal confiado, podéis cruzaros con
algún vehículo con el que no esté familiarizado y que le dé miedo, o puede que un
camionero, con la mejor de sus intenciones,
frene para avanzaros, pero al hacerlo, el
estridente silbido asuste al caballo.

Qué hacer

Si vuestro caballo se muestra nervioso ante el progresivo acercamiento de un vehículo, haced lo siguiente:

❏ Permaneced montados; eso os proporcionará un
mayor control.

❏ Retiraos a la cuneta, a un campo o a un cruce (si
es que los hay) y esperad a que el vehículo haya
pasado.

❏ Si no hay ningún sitio en el que refugiaros, pedid
al conductor que aminore la marcha hasta que
hayáis encontrado uno; si el vehículo llega en dirección contraria, pedidle que se detenga hasta
que hayáis pasado. Si no os atrevéis a soltar una
rienda, gesticulad con la boca "Pare, por favor".

❏ Encurvad al caballo en dirección al centro de la
calzada y usad firmemente la pierna interior para
impedir que sus cuartos traseros invadan el carril
del tráfico.

Si se rompe una ación del estribo

Llevar una ación de repuesto alrededor del cuello del caballo cuando salgáis de excursión, es una buena idea (ver también Qué hay que llevar para salir de ruta, Apartado 4, p. 179); esa correa de cuero puede seros muy útil como pieza de recambio en caso de emergencia.

Qué hacer

- ❑ Si mientras vais de ruta se os rompe la ación de un estribo y no tenéis otra de repuesto, puede que podáis abrocharla un agujero más arriba. Acordaos de acortar también el estribo contrario, para que no montéis torcidos y os desequilibréis. Para no forzar la ación rota, volved a casa al paso.
- ❑ Si la ación se ha roto debido al desgaste o a un descosido y ha quedado inservible, desmontad, sacadla, recoged el estribo del otro lado y seguid con el caballo del diestro. Puede que os tiente montar sin estribos, pero eso no es seguro en absoluto: si algo asusta al caballo y éste os desobedece, acabaréis en el suelo.

Si se rompe un latiguillo

La rotura de un latiguillo o del guardahebillas al que está cosido es más habitual que la de la propia cincha. La cincha siempre debe abrocharse a los dos latiguillos de los extremos del guardahebillas, de modo que el latiguillo central quede suelto entre ambos. De esta manera, la silla queda doblemente asegurada.

Abrochad la cincha a los dos latiguillos de los extremos del guardahebillas

Qué hacer

- ❑ Si descubrís que uno de los latiguillos o el guardahebillas se ha roto, parad inmediatamente; no intentéis montar con un latiguillo solo.
- ❑ Para salir del paso, podéis abrochar la hebilla de la cincha al latiguillo central; eso mantendrá la montura en su sitio hasta que lleguéis a casa (andando). Llevad la silla al guarnicionero para que la repare: no montéis con la silla estropeada, pues ello puede afectar el modo en que se adapta al caballo y causarle dolor o rozarle el dorso (ver Si la montura resbala, p. 137). Antes de confiar en el tercer latiguillo, examinad la montura cuidadosamente; si la rotura ha sido debida a un deficiente mantenimiento o al descuido general, el resto de las correas no estarán mucho mejor. Si tenéis dudas acerca de su integridad, asegurad los estribos y regresad a casa.
- ❑ Si tenéis la mala suerte de que se os rompan los latiguillos y el guardahebillas, lo más probable es que la silla se desprenda inesperadamente del caballo y os deis un buen batacazo (ver Caídas, p. 139).

Si se rompe una rienda

Qué hacer

❑ Si se os rompe una rienda mientras cabalgáis, usad la voz para hacer que el caballo ralentice su marcha o se detenga. Dar unos tirones cortos y secos del ahogadero (ver Qué hay que llevar para salir de ruta, p. 179) y usar la rienda que os queda para pedir una serie de medias paradas también son recursos útiles para hacerle disminuir la velocidad.

❑ Si no podéis detenerle, sacad los pies de los estribos y saltad cuando aminore un poco la velocidad. Si no la aminora suficientemente como para que podáis saltar con seguridad, tomad la rienda que os queda y obligadle a girar en círculos cada vez más pequeños (empezad con un círculo grande para no desequilibrarle y hacerle caer).

❑ Si no hay un lugar lo bastante amplio para intentar esta maniobra, agarrad la rienda y un mechón de crin con la misma mano para conservar el equilibrio, extended las pantorrillas hacia delante con los talones hacia abajo e inclinaos sobre su cuello para, con la mano libre, agarrar la rienda rota, el anillo de la embocadura o la carrillera de la cabezada. Combinad una serie de tirones en estas piezas con otros en la rienda entera para obligarle a parar.

Si la silla resbala

Una silla puede resbalar porque el relleno de sus bastes esté en mal estado, porque no sea de la talla apropiada para el animal o porque se rompa la cincha; otras veces ocurre mientras se sube una pendiente muy empinada. El desplazamiento de la silla puede resultar muy alarmante para el caballo; y el continuo movimiento en su lomo puede causarle dolor.

Qué hacer

❑ Si notáis que la montura se mueve, aunque sea poco, no sigáis en ella: aminorad la marcha (o parad), sacad los pies de los estribos y desmontad.

❑ Seguid sujetando las riendas como de costumbre. Si el caballo no ha llegado a detenerse, recordad que cuando estéis en el suelo, debéis seguir andando a su ritmo para que no os arrastre ni os haga caer.

❑ Si la silla que ha resbalado por un costado, desmontad por ese mismo lado.

❑ Si el caballo no está absolutamente parado, obligadle a ello. Habladle tranquilamente y entrecruzad los estribos sobre la montura para que no le asusten con su roce.

❑ Desabrochad la cincha por el mismo lado del que se ha desplazado la silla y quitádsela suavemente. Si el caballo está asustado, no estará completamente quieto; pedid a un compañero que os lo sujete mientras le retiráis la montura.

❑ Si por alguna razón no podéis sujetar la silla y, mientras desabrocháis la cincha, os cae al suelo, tened cuidado, pues probablemente el caballo se desplazará de lado para alejarse de ella.

❑ Pedid a un guarnicionero que evalúe el estado de la montura; preguntadle si sería oportuno asegurarla con una baticola o un pecho-petral y qué tipo de cinchas os recomienda para mantener la silla en su lugar.

❑ Comprobad el buen estado de la cincha antes y después de montar; y recordad recinchar al caballo a los diez primeros minutos de montarle.

Si el caballo coloca la lengua sobre la embocadura

Algunos caballos se ponen muy nerviosos si la lengua les pasa sobre la embocadura. En una situación así, es difícil controlarle, porque ese mismo miedo "saca lo mejor" del caballo: levanta violentamente la cabeza, pierde el equilibrio y pone en serio peligro a cuanto le rodea.

Qué hacer

❑ Aflojad el contacto de las riendas: un contacto excesivo sólo empeora la situación y puede provocar que el caballo asustado se bote o se ponga de manos.

❑ Desmontad inmediatamente.

❑ Mantened las riendas sobre su cuello.

❑ Desabrochad el montante de la embocadura que esté a vuestro lado para sacárselo de la boca.

❑ Mientras volvéis a colocar el hierro y a abrochar el montante, dejad las riendas alrededor de su cuello para poder controlarle.

❑ Tan pronto como podáis, examinadle la boca en busca de heridas bajo la lengua o en las encías.

❑ Comprobad que los montantes estén bien ajustados y que no hacen que el hierro esté demasiado alto o bajo en la boca del caballo (hecho que explicaría que el animal pasara la lengua sobre el mismo). Si el caballo pasa la lengua sobre la embocadura habitualmente, hacedle visitar por un dentista y pedid a vuestro instructor que revise vuestra equitación por si ese vicio fuera una reacción a vuestro modo de montar.

Si el caballo pisa una rienda

Este pequeño incidente suele ocurrir cuando se permite a un caballo pastar con la cabezada de montar puesta, y no tanto mientras se le lleva del diestro o se le monta. Por este motivo, es muy importante tener cuidado con la manera en que las riendas cuelgan de su cuello y nunca dejarlas totalmente descolgadas.

Qué hacer

❑ Si el caballo pisa una rienda mientras montáis, desmontad inmediatamente.

❑ Hacedle retrasar el casco que pisa la rienda o colocadle las riendas al nivel del pecho y desabrochadlas sin que os caigan al suelo.

❑ Si el caballo está pisando la rienda con una mano, levantádsela y recogedla. Si está levantando violentamente la cabeza, será algo más complicado: en vez de levantarle la mano, agarradle el menudillo o la cuartilla y retrasádsela ligeramente. Mientras realicéis esta maniobra, tened mucho cuidado: es posible que, en cuanto deje de sentir la presión en su boca, se precipite hacia atrás.

Caídas

A lo largo de vuestra experiencia como jinetes, habréis caído en más de una ocasión. Algunas veces, uno tiene la sensación de que la caída ha sucedido "a cámara lenta"; otras, todo ocurre tan deprisa que uno no consigue explicarse cómo ni por qué ha ido a parar al suelo.

Hay ocasiones en las que la decisión y la determinación, combinadas con buen asiento, son las herramientas definitivas para mantenerse en la montura, pero las hay también en las que resultan inútiles (y una vez se ha perdido el control, poco puede hacerse sino intentar lastimarse lo menos posible). Esto último puede parecer muy fácil, pero no lo es: las reacciones en un caso así –predecir el impacto o autoprotegerse con una mano o una pierna– deben aflorar inmediata e instintivamente.

Qué hacer

En el peor de los casos, si veis que vais a salir despedidos de la montura, recordad:

❑ Relajaos lo más posible.
❑ Intentad enroscaros y rodar lejos de las extremidades del caballo para evitar que os dañe con los cascos.
❑ Hundid la cabeza entre los hombros y "arroparos" con los brazos y las piernas para protegeros las articulaciones y los órganos internos.
❑ Soltad las riendas: si os mantenéis aferrados a ellas, es posible que el caballo os arrastre peligrosa-

mente cerca de sus extremidades y/u os fracture o disloque los hombros. Una situación así os pondría en una posición muy vulnerable: si el caballo entrara en pánico, podría pisotearos o cocearos.
❑ Si otros caballos siguieran al vuestro de cerca, no intentéis levantaros rápidamente: permaneced acurrucados en el suelo y os esquivarán (si os quedáis tambaleándoos y plantados en su trayectoria, tendrán menos posibilidades de sortearos y posiblemente os vuelvan a derribar de un fuerte golpe).

Si el caballo os arrastra

Una de las escenas más horripilantes es la que sucede cuando un jinete es derribado de su montura con un pie atrapado en el estribo y es arrastrado por el caballo. Aparte de las heridas que pueda acarrearle la caída en sí, es posible que el caballo se asuste muchísimo y empiece a galopar para intentar librarse del "extraño objeto", botándose y coceando al mismo tiempo.

En un caso así ni el jinete ni los espectadores podrán hacer gran cosa hasta que el pie trabado en el estribo se desprenda o el caballo se pare. Perseguir a un caballo que arrastra a un jinete sólo empeora la situación, ya que aumenta su sensación de miedo; buscad otras maneras de persuadirle, como dirigirle hacia otro caballo que permanece tranquilo.

Ante todo, a fin de minimizar el riesgo de sufrir este accidente, seguid los siguientes consejos:

❑ Comprobad que las bisagras de las charnelas a las que se unen los estribos sobre el falso faldón estén limpias y engrasadas para que, en caso de urgencia, se abran y liberen las aciones de las estriberas.
❑ Usad estribos de seguridad (ver foto derecha); hay varios modelos disponibles.

❑ La base de los estribos debe ser 2,5 cm más ancha que el calzado del jinete. Si fuera demasiado ancha, el pie podría deslizarse hacia delante  y pasar a través del estribo; si fuera demasiado estrecha, podría atrapar el calzado y retorcer la pantorrilla del jinete.

❑ Llevad un calzado adecuado.

❑ Nunca metáis el pie de un niño entre las aciones, por encima del estribo.

❑ Nunca acortéis un estribo haciendo un nudo en las aciones: alteraría el ángulo correcto del estribo y propiciaría que un pie quedara atrapado en él. En vez de eso, haced más agujeros en las aciones para abrochar las hebillas.

❑ Aprended el ejercicio de desensibilización del método Tellington Touch Equine Awareness Method (TTEAM) (ver p. 188) para enseñar al caballo a mantener la calma si algo se desliza por su dorso o sus flancos. Una de las aplicaciones prácticas de este aprendizaje consiste en que el caballo aprende a parar, en vez de salir galopando, cuando cae el jinete.

Desensibilizar al caballo al miedo que le produce un objeto que se desliza por su cuerpo es una buena idea.

Cúando hay que volver a montar

Aunque se dice que tras sufrir una caída hay que volver a montar inmediatamente sobre el caballo, hay ocasiones en las que no es la mejor idea.

❑ Antes de volver a montar, deberíais preguntaros por qué habéis caído y tratar de recordarlo para que no os vuelva a ocurrir. Si fue debido a una desobediencia del caballo, pedid ayuda a vuestro instructor para resolver el problema y no incurrir en las mismas circunstancias ni confundir al caballo.

❑ Tras una caída, cualquier jinete que haya recibido el más mínimo golpe en la cabeza —aunque parezca haber salido ileso— debería acudir a un hospital y someterse a un chequeo. Si hubiera sufrido alguna conmoción, habría que impedirle a toda costa que montara inmediatamente al caballo. En caso de duda, apostad siempre por la prudencia.

Un jinete conmocionado puede:
• sentir vértigo o mareo;
• sentir náuseas;
• tener dolor de cabeza;
• sufrir algún nivel de pérdida de memoria;
• parecer despistado o confundido.

Aunque, generalmente, una conmoción implica un menor o mayor intervalo de inconsciencia, también puede darse el caso de que el accidentado no quede inconsciente en ningún momento. Como cualquier contusión en la cabeza puede ser muy peligrosa y difícil de diagnosticar, siempre hay que acudir al médico. Si después de una caída —incluso después de una aparente total recuperación— el jinete sufre persistentes dolores de cabeza, falta de memoria o dificultad para concentrarse, también debe acudir al médico.

Tras un episodio de conmoción, hay que seguir las instrucciones médicas acerca del período de tiempo durante el cual no se deberán practicar actividades ecuestres. (En el caso de una conmoción leve seguramente será sólo una semana; en casos más graves puede llegar a ser de hasta siete.) (Ver también el Apartado 3, Primeros auxilios para personas, p. 153.)

Cómo recuperar la confianza

La caída más tonta puede afectar la confianza de cualquier jinete, especialmente si la ha vivido de un modo traumático o se ha parado a pensar en lo grave que el incidente hubiera podido llegar a ser. La mayoría de la gente no cae a menudo y sus heridas no pasan de simples magulladuras y moratones. No obstante, aunque esas heridas se curan rápidamente, las consecuencias psicológicas suelen quedar más arraigadas y provocar temores que dificultan –o incluso impiden– seguir disfrutando de la equitación. Este pequeño estado de angustia puede llegar a ser el orígen de futuras caídas debidas a una postura deteriorada por la tensión.

Algunas veces, recuperar la confianza tras una caída lleva su tiempo; pedir consejos y ayuda nunca está de más:

- ❏ Tomad algunas clases con un monitor que entienda vuestro problema y sea capaz de daros una ayuda constructiva que combata vuestros miedos.
- ❏ Probad a seguir un programa de técnicas neuro-lingüísticas.
- ❏ Volved a empezar desde el principio: practicad y repetid las clases básicas de equitación y los ejercicios que mejor os salgan con vuestro caballo.
- ❏ Durante un tiempo, montad a un caballo distinto que sea obediente y tranquilo.

Cómo prevenir las caídas

Caer del caballo es un riesgo inevitable en la equitación, pero hay varias cosas que podéis hacer para minimizarlo:

- ❏ Estudiad vuestra postura: una posición correcta favorecerá vuestra habilidad a la hora de comunicaros y controlar a vuestro caballo y además aumenta la seguridad.
- ❏ Seguid normas de equitación sensatas y seguras.
- ❏ Mientras montéis, concentraos en vosotros mismos y en vuestro caballo ¡y no en el último cotilleo que os puedan estar contando!
- ❏ No os exijáis (ni exijáis al caballo) más de lo que podáis hacer.
- ❏ Aseguraos de que vuestros arneses estén en buenas condiciones, bien conservados y que se ajusten correctamente.
- ❏ Como nunca se sabe cuándo se puede uno caer, llevad siempre ropa y calzado adecuados.

En la más remota de las carreteras podéis veros sorprendidos por un vehículo. No cabalguéis desperdigados, charlando. Estad siempre muy atentos

Si el caballo se revuelca con el jinete

Para que un caballo intente revolcarse con el jinete en su dorso pueden haber varias razones: algunos lo hacen porque están sudados, otros porque trabajan en un suelo agradable, al que no están acostumbrados –como el de una pista de arena–, otros mientras atraviesan un curso de agua –como el de un obstáculo de una carrera de cross-country o un río– y otros por mera inexperiencia. Algunos caballos recurren a ello para librarse del jinete; estos casos pueden ser muy difíciles de corregir. En otras ocasiones, los revolcones pueden ser debidos a un cólico (ver Cólicos, p. 52).

A algunos de los espectadores puede parecerles divertido, pero la verdad es que este comportamiento puede acarrear graves consecuencias al jinete si éste queda atrapado o aplastado bajo el cuerpo del caballo. De llevar la montura puesta, puede estropear el fuste de la misma o herirse el dorso.

Qué hacer

Cuando un caballo quiere revolcarse, exterioriza una serie de inequívocos signos: se para, baja la cabeza y tantea el suelo, empieza a escarbarlo vigorosamente con las manos y empieza a doblar las rodillas.

Si observáis todos estas señales, intentad atajarlas de la siguiente manera:

❑ Aumentando el contacto con las riendas para que levante la cabeza; eso le dificultará –que no impedirá– que la siga bajando.

❑ Obligándole a avanzar mediante todas las ayudas posibles: piernas, voz y, si fuera necesario, un azote con la fusta.

Si no podéis evitarlo:

❑ Sacad rápidamente los pies de los estribos.

❑ Desmontad por el lado que está bajando la espalda.

❑ Alejaos de su cabeza para que no os dé un manotazo y sostened las riendas para evitar que se le enreden en las patas.

Si el caballo resbala y cae

Una superficie muy inclinada, mojada o desnivelada o un terreno inestable pueden hacer caer a un caballo; en suelos así, siempre debéis montar con mucha precaución. Los caminos asfaltados también son muy resbaladizos.

Qué hacer

❑ Lo mejor es montar con riendas sueltas para permitir que el caballo pueda encontrar su propio equilibrio usando su cabeza y su cuello. Vosotros, intentad ir bien sentados y sacad los pies de los estribos, por si acaso.

❑ No le metáis prisa; dadle el tiempo que necesite para escoger el camino tranquila y cuidadosamente. Si emprendéis una pendiente, en subida o en bajada, mantened la espalda recta y perpendicular al suelo. Si necesitáis apoyaros en algo, asíos a la crin o al ahogadero en vez de a las riendas, para no dificultar el movimiento del tercio anterior del caballo.

❏ Si el terreno es muy empinado, traicionero o inestable, desmontad y llevad al caballo del diestro: mantendrá mejor el equilibrio sin un jinete en su dorso y, si cayera, estaríais en una posición menos vulnerable.

❏ Si el caballo va a caer, saltad lo más rápidamente que podáis y alejaos de sus patas. Dejad que se levante por sí solo, llevadle a un suelo firme y comprobad si se ha lastimado.

Precauciones

Para reducir las probabilidades de que un caballo resbale, tomad las siguientes precauciones:

❏ Para empezar, si hace mal tiempo, evitad las carreteras heladas. Cuando la nieve entra en los cascos, se concentra en forma de una masa helada que dificulta seriamente el equilibrio y agarre del caballo. Como medida de precaución podéis engrasarle las suelas antes de salir, pero lo mejor es que anuléis el paseo y evitéis montar en tales condiciones. De igual manera, evitad las bajadas pronunciadas en días de lluvia.

❏ Las carreteras asfaltadas pueden tener zonas muy resbaladizas (observad si hay franjas muy desgastadas o recién remendadas), así que recorredlas pegados al arcén o, mejor aún, por la cuneta. Aseguraos de que el caballo sea herrado regularmente: las herraduras desgastadas y delgadas pierden mucha adherencia y propician los resbalones, especialmente en suelos asfaltados.

❏ Consultad al herrero la posibilidad de poner al caballo herraduras antideslizantes o con tacos.

❏ Siempre que atraveséis un terreno traicionero, como un suelo de esquisto, desmontad y llevad al caballo del diestro. Si cabalgáis sobre musgo o hierba mojada, también debéis tener mucho cuidado, pues pueden esconder piedras o agujeros. Estad muy atentos a cualquier boquete o terreno pantanoso que puedan hacer tropezar al caballo.

❏ No cabalguéis a gran velocidad por un curso de agua, pues la resistencia en las patas del caballo puede hacerle tropezar. Los lechos de los ríos son resbaladizos y esconden hoyos difíciles de detectar.

❏ Para potenciar el agarre de los cascos, calzadles unos zapatos protectores (ver Protectores para caballos, p. 172).

❏ Si vuestro caballo padece artritis, tened cuidado: la falta de flexibilidad en las articulaciones puede inducirle a tropezar y caer, especialmente cuando va muy deprisa.

Si queda atrapado en un obstáculo

Si un caballo queda atascado o atrapado en un obstáculo de una competición de cross-country, siempre encontraréis gente alrededor que os eche una mano; no obstante, habrá que pedir ayuda especializada inmediata por teléfono o radio. El personal auxiliar de la carrera deberá avisar y detener al resto de los concursantes hasta que la pista haya sido despejada. Si el jinete también ha quedado atrapado, siempre hay que cederle la prioridad.

Qué hacer

❏ Inmovilizad la cabeza del caballo (ver Cómo inmovilizar a un caballo, p. 104). Algunas veces, se le calma ofreciéndole algo de comida o poniéndole una venda en los ojos. Puede que el veterinario del evento tenga que administrarle un sedante.

❏ Si podéis hacerlo con seguridad, quitadle la montura; si no, aflojadle la cincha y retirad los estribos y las aciones.

❑ Sustituid la brida por una cabezada de cuadra; si hubiera que tirar del caballo por la cabeza, habría menos posibilidades de que se rompiera. Atad un largo ramal de cuerda a la cabezada.

❑ La retirada del caballo debe realizarse con ayuda de materiales especiales y profesionales que determinen el modo más adecuado. Generalmente, lo idóneo es desmantelar el obstáculo total o parcialmente. Esto suele bastar para que el caballo salga por sí mismo; en otro caso, habrá que ayudarle con varias cuerdas. Toda la operación de rescate debe estar supervisada por el veterinario asignado.

❑ Sea como sea, el uso de obstáculos "rompibles" facilita que, en caso de colisión, la barrera se desintegre reduciendo el riesgo de atrapar al caballo.

Si os extraviáis durante la ruta

Si sufrís el desagradable percance de extraviaros durante una ruta, debéis tener cuidado con las personas a las que os dirigís para preguntar, independientemente de lo normales que os puedan parecer. Recordad llevar un mapa y un teléfono móvil.

Qué hacer

❑ Si atisbáis una cabina telefónica, dirigíos a ella y observad su interior: seguramente habrá alguna referencia que os oriente del lugar en el que estáis.

❑ Si vais a explorar un nuevo territorio, aseguraos de que el mapa que lleváis está suficientemente detallado; si ese terreno está en un área muy remota, llevad también un brújula. Si tenéis que consultar el mapa, desmontad para evitar que el caballo se impaciente.

❑ A medida que vayáis avanzando, memorizad las pequeñas referencias de la ruta o los nombres de las calles por las que pasáis. Si os extraviarais, podríais volver sobre vuestros propios pasos y regresar por el mismo camino.

❑ Si no lleváis brújula, anotad la posición del sol a distintas horas del día; si tenéis claro dónde os quedan el este y el oeste, podréis deducir dónde están el norte y el sur y eso os dará una idea de la dirección aproximada que debéis tomar.

❑ Si os perdéis a causa del mal tiempo y la escasa visibilidad, deteneos: quedaos donde estéis hasta que la situación mejore y podáis ver claramente hacia dónde os dirigís.

❑ Si llamáis pidiendo ayuda –desde un lugar muy re-

Para consultar un mapa, desmontad. Mientras buscais el próximo punto al que os debéis dirigir, vuestro caballo puede estarlo observando alrededor y asustarse por algún motivo

moto y aislado, por ejemplo– dad todos los detalles posibles sobre vuesta posición, incluido cualquier punto de referencia cercano. Mientras esperáis que llegue la ayuda, no os mováis de donde estéis para no dificultar la tarea del equipo de rescate.

Ver también

❑ Qué hay que llevar para salir de ruta, p. 179
❑ Montar al exterior con seguridad, p. 178

Si topáis con una persona agresiva

Si alguien se os acerca con una actitud agresiva (u os avasalla sexualmente) mientras vais de paseo con vuestro caballo, no presupongáis que por el hecho de que vosotros estáis sobre el caballo ya estáis a salvo y estad tan alerta como si fuerais a pie. Se han dado casos en los que un jinete ha sido atacado verbal y físicamente, e incluso amenazado con un arma de fuego. No hace mucho, un extraño atacó a una chica que llevaba a su caballo del campo hacia el establo durante la noche y le causó graves heridas mortales.

Qué hacer

❑ Evitad mantener un contacto visual directo con esa persona.

❑ En cuanto podáis, poned distancia de por medio: si vais montados, no le permitáis que se acerque lo suficiente como para que pueda arrebataros las riendas.

❑ No respondáis a sus brabuconadas para no excitarle todavía más.

❑ En cuanto podáis, informad del incidente a la policía.

Si os persigue un perro

Ésta es una situación habitual cuando un perro escapa de una granja o una casa particular. Tratad de sacarle algo de ventaja: al cabo de ciertos metros, el perro perderá interés en la persecución y volverá a la defensa de "sus dominios".

Qué hacer

❑ Si mientras dais un paseo, a un perro le da por perseguiros, intentad calmar al caballo para poder controlarle y proseguid la marcha al paso largo.

❑ Si el caballo se pone nervioso, volvedle y ponedle de cara al perro para que pueda verle claramente e intentad mantenerle parado hasta que el perro pierda interés o su amo le reclame.

❑ Si un perro perdido empieza a perseguiros por el campo, tratad de mantener la calma. Si su dueño anda cerca, ocupaos cada cual de su animal. Si empezáis a gritar al perro o tratáis de ahuyentarle corriendo tras él, sólo empeoraréis las cosas y os pondréis en peligro; lo más normal es que el caballo acabe coceando al perro. Antes de que la situación llegue a este punto, pedid al dueño que le llame autoritariamente y que se aleje en la dirección opuesta para llamar su atención y hacer que se olvide del caballo.

Si el caballo empieza a cojear

Qué hacer

❑ Si el caballo empieza a cojear mientras vais de paseo, llevadle a un sitio seguro y alejado del tráfico y desmontad. Pasad las riendas sobre su cabeza y recoged los estribos; si vais con un compañero, pedidle que sujete a ambos caballos mientras le observáis.

❑ A menos que la causa sea muy evidente, empezad buscando lo más probable: ved si tiene una piedra alojada entre las herraduras. Palpad sus extremidades en busca de heridas, calor, sudor o rigidez; puede que se haya alcanzado el talón de una mano, o se haya rozado o retorcido un pie.

❑ Si no lográis ver nada, hacedle andar unos pasos hacia delante para comprobar si sencillamente había pisado una piedra en ese momento.

❑ En función de lo que encontréis, lo lejos que estéis de casa y el grado de la cojera, llevadle del diestro o llamad para que alguien acuda a buscarle con un remolque.

Ver también
❑ Heridas, p. 32
❑ Cojeras, p. 40
❑ Problemas musculares, p. 64

Apuros en el agua

Un caballo puede verse en apuros en el agua por varias circunstancias, como un resbalón en una pendiente, la rotura de una capa de hielo o mientras nada en el mar con su propietario.

Si necesitáis ayuda para sacarle del agua, en primer lugar, llamad a los servicios de emergencia, y después al veterinario, por si hubiera que sedarle para facilitar el rescate o administrarle algún tipo de primer auxilio a posteriori. Por encima de todo, no os pongáis en peligro mientras la ayuda llega y no pretendáis rescatar al caballo a menos que podáis intentarlo con total seguridad.

Si el caballo ha caído en una piscina

❑ Afortunadamente, son pocas las ocasiones en las que un caballo escapa y cae en una piscina. En un caso así, el rescate resulta complicado porque hay que contar con maquinaria pesada y que muchas veces el acceso a la piscina no es lo suficientemente amplio para permitirle el paso ni las maniobras. No obstante, improvisando una rampa con balas de forraje, el caballo suele salir por su propio pie.

❑ Sea como sea, mientras esperáis a que llegue la ayuda —y si podéis hacerlo de un modo seguro—, tratad de llevar al caballo hacia el lado opuesto al desagüe por si hubiera que vaciar la piscina.

Si está en el mar

❑ Extenuar a un caballo mientras nada en el mar es extremadamente fácil; en una piscina de hidroterapia —en la que se observa ininterrumpidamente al caballo—, se estima que ocho vueltas a un diámetro de 34 m equivalen a 1,6 kilómetros de galope. Así que, si nadáis con vuestro caballo en el mar, tened mucho cuidado de no cansarle excesivamente ni hacerle nadar demasiado lejos de la orilla para no tener problemas a la hora de regresar a la playa. Para reducir el riesgo de lesionarle las extremidades con el esfuerzo, equipadle con protectores y manteneos sobre su dorso.

❑ Antes de adentraros en el mar, observad el oleaje e informaros de los potenciales riesgos que entraña la zona —como un fondo marino escarpado o franjas de fuertes corrientes—, del último parte meteorológico y de la anchura de la plataforma marina. Básicamente, las corrientes marinas son estrechos y poderosos flujos de agua que discurren desde un determinado punto hacia el interior del océano, y el curso de las mismas puede cambiar súbitamente. Si os vierais sorprendidos por una de ellas, no malgastéis energías tratando de nadar contra corriente para alcanzar la playa; en vez de eso, intentad manteneros paralelos a la línea de la costa hasta que podáis dirigios hacia ella directamente.

Cómo sacar a un caballo de un río o un estanque

❑ Si hace mucho frío, hay que intentar sacarle deprisa para evitar el riesgo de hipotermia. Si podéis acercaros lo suficiente, ponedle una cabezada atada a un largo ramal e intentad conducirle hacia el lugar menos profundo o hacia un margen no muy empinado por el que pueda trepar. Mientras salga del agua, alejaos de él: seguramente forcejeará con las manos (especialmente si el suelo está resbaladizo).

❑ Si es que se ha aventurado a cruzar una superficie helada y ésta se ha quebrado, no intentéis acercaros y esperad a que llegue el equipo de rescate.

Si el caballo pierde una herradura

Aunque el caballo esté recién herrado, el terreno puede aflojarle o arrancarle una herradura.

Si una herradura se ha aflojado, al andar sobre un suelo duro oiréis un tintineo metálico.

Qué hacer

❑ Si os percatáis de que una herradura anda muy suelta o que se ha perdido, desmontad y volved a casa para evitar dañar el casco del caballo.

❑ Como medida de seguridad, pasad las riendas sobre la cabeza del caballo y recoged los estribos; si estáis muy lejos de casa, solicitad un medio de transporte. Si le lleváis del diestro, siempre que podáis, hacedle andar por la hierba de la cuneta para estropear el casco lo menos posible.

Si queda atrapado en un lodazal

Hay lugares conocidos por la tremenda presencia de lodazales y/o arenas movedizas. Si no conocéis el terreno, pedid información a los lugareños acerca de los puntos a evitar y de los que hay que transitar con mucha prudencia; si podéis, contratad un guía local. Intentad ceñiros a los senderos más transitados y observad los cambios de vegetación que os darán una pista sobre la calidad del suelo.

Qué hacer

❑ Si vuestro caballo de repente se niega a avanzar, confiad en él; desmontad y tantead el terreno.

❑ Si pisáis una zona pantanosa y el caballo empieza a hundirse, por poco que sea, azuzadle contundentemente para que no se quede quieto e intente salir de ahí.

❑ Si continúa sumiéndose en el lodo y no es capaz de salir por sí solo, desmontad rápidamente. Adoptad una postura lo más horizontal posible para distribuir vuestro propio peso y moveos lentamente hacia el borde del lodazal.

❑ Pedid ayuda para sacar al caballo del fango y tratad de calmarle con la voz, pues cuanto más se debata, más rápidamente se sumergirá.

Si queda atrapado en una valla de rejilla

Una valla de rejilla no es nada apropiada para limitar los campos en los que pastan los caballos; en todo caso, es conveniente aislarlo colocando otro cercado interior. Si un vallado de este tipo atraviesa un sendero o camino, hay que prever una vía de acceso alternativa con una puerta al lado. Dicha puerta debe estar en el lado interior del vallado metálico de manera que separe a los caballos de la peligrosa malla. Aun así, mientras os volvéis para cerrar la puerta, siempre existirá el riesgo de que el caballo se mueva y meta un casco en la rejilla. Por esta razón siempre que atraveséis dicha puerta debéis hacerlo desmontados y estar muy atentos a los movimientos del animal.

Un caballo atrapado en una valla de rejilla corre un grave peligro. Si ocurre, buscad ayuda inmediatamente –puede que necesitéis el auxilio de un veterinario y de los bomberos (de ahí la importancia de llevar siempre encima el teléfono móvil)– e intentad tranquilizar al caballo mientras esperáis.

Si se pone de manos

Ésta es una reacción tan alarmante como peligrosa; si el caballo se empina demasiado o se desequilibra, puede caer de espaldas aplastando al jinete y causándole graves heridas o incluso la muerte. Nunca os dejéis convencer para montar un caballo que se pone de manos.

Qué hacer

Si, mientras le estáis montando, un caballo se pone de manos, tratad de hacer lo siguiente:

- ❏ Avanzad las manos para dejar las riendas totalmente holgadas.
- ❏ Inclinad el cuerpo hacia delante.
- ❏ Abrazaos al cuello del caballo para permanecer inclinados hacia delante y mantener el equilibrio.
- ❏ No tiréis de las riendas, pues provocaríais que el caballo se levantara todavía más.
- ❏ Tan pronto como el caballo ponga las manos en el suelo, hacedle avanzar rápidamente golpeando sus costados con las piernas suave, pero insistentemente, y sin apenas contacto en las riendas.
- ❏ Si intentara encabritarse de nuevo –y si os da tiempo–, sacad los pies de los estribos y saltad a un lado. No volváis a montarle hasta que hayáis comentado el incidente con un instructor o domador experimentado.

El hábito de ponerse de manos es tan alarmante como peligroso

Si se bota o corcovea

Aunque los caballos corcovean de pura alegría o mientras juegan, también lo hacen cuando sienten dolor. Si veis que un caballo corcovea sin un motivo evidente –como, por ejemplo, que le haya picado un insecto–, tenéis que seguir investigando hasta dar con la causa de su actitud.

A menos que tengáis un buen asiento –o si el caballo se bota muy enérgicamente–, es fácil que un animal así os descargue. Para evitarlo, estad atentos a las señales previas (el caballo baja la cabeza y tensa y arquea los músculos del dorso) e intentad atajar el intento.

Ver también
- ❏ Caídas, p. 139

Qué hacer

❑ Intentad levantarle la cabeza tirando de ambas riendas hacia arriba.

❑ Obligadle a avanzar decididamente manteniendo el contacto.

❑ Si el caballo se bota, recordad las "normas de seguridad" siguientes:

• Bajad los talones y echad las pantorrillas hacia delante para evitar salir despedidos.

• No os inclinéis hacia delante; más bien echad el cuerpo atrás.

❑ Si las sacudidas os inclinan hacia delante, tratad de entrelazar las riendas sobre el cuello del caballo; eso os dará un punto de apoyo para recuperar el equilibrio y evitará que el caballo os las arrebate. En la práctica, sin embargo, pocos jinetes son tan flemáticos y organizados para hacer todo esto a la vez.

Si se va de caña o desboca

Cualquier jinete se ha sentido "en manos de su caballo" en alguna ocasión, por corta que fuera la distancia. Un caballo suele desbocarse a causa de algún miedo o dolor; en realidad, si se les diera la opción, huirían a toda pastilla de cualquier cosa que les pareciera amenazadora. También suelen hacerlo cuando se sienten en una actividad excitante como trotar o galopar en grupo.

Qué hacer

❑ Mantener el cuerpo erguido o ligeramente detrás de la vertical.

❑ Bajad los talones y adelantad las pantorrillas hacia delante.

❑ Acortad las riendas y colocad las manos junto a la cruz; eso os ayudará a manteneros en la silla.

❑ Dad unos tirones intermitentes y secos en una de las riendas para que ladee ligeramente la cabeza.

❑ Si encontráis un espacio abierto lo suficientemente amplio, incurvadle en un gran círculo; eso hará que ralentice la velocidad. A medida que se vaya tranquilizando, dibujad círculos cada vez más pequeños hasta que hayáis recobrado absolutamente el control y hacedle parar.

Qué no hacer

❑ Intentar saltar: eso sería mucho más peligroso y difícil que mantenerse en la montura.

❑ Dirigir al caballo hacia un muro o una verja: podría intentar saltarlos o empotrarse contra ellos.

❑ Dirigirle hacia el agua: desde luego, eso le haría parar, pero la velocidad a la que entraría en ella combinada con el impacto que sufrirían sus extremidades, seguramente le haría caer y vosotros podríais quedar aplastados bajo su cuerpo.

❑ Obligarle a girar bruscamente: se desequilibraría y caería.

❑ Perseguir a un caballo desbocado con su jinete a cuestas: eso le haría correr todavía más; parad y seguid al paso para no empeorar las cosas.

Si se planta

Un caballo que se quede plantado puede negarse a moverse lo más mínimo. Si el jinete insiste vigorosamente en hacerle avanzar, puede reaccionar poniéndose de manos, girando sobre sí mismo y saliendo en cualquier dirección, coceando, corcoveando o andando hacia atrás.

Tened en cuenta que puede que no se haya plantado, sino que esté acusando algún tipo de lesión muscular: interpretar esa actitud depende del buen ojo del jinete.

Las razones por las que un caballo se puede plantar son muchas y muy distintas, pero suelen estar relacionadas con una falta de confianza, temor a un objeto cercano, cansancio, dolor o desobediencia. En un caso así hay que mostrarse tan firme como comprensivo.

Ver también
- ❑ Si se pone de manos, p. 149
- ❑ Si se bota o corcovea, p. 149
- ❑ Si corre hacia atrás, abajo
- ❑ Azoturia, p. 64

Qué hacer

- ❑ No tiréis de las riendas; eso sólo empeoraría la situación. Dadle algún tiempo para evaluar la situación y después, pedidle que ande hacia delante.
- ❑ Si sigue pegado al suelo, giradle ligeramente la cabeza hacia un lado y volved a pedirle que avance. Tened cuidado al ladearle la cabeza: no le deis la oportunidad de girarse totalmente y salir corriendo.
- ❑ Si vais de ruta con un compañero, pedidle que se sitúe delante de vuestro caballo. Si estáis solos y sentís que podéis controlarle desde el suelo, desmontad y llevadle del diestro hasta que hayáis dejado atrás la "zona problemática".
- ❑ Si aun así se niega a andar, no os quedará otro remedio que volver a casa sobre vuestros pasos o elegir un camino de retorno distinto.
- ❑ Si el problema se convierte en un hábito, buscad la ayuda profesional.

Si gira sobre sí mismo y sale corriendo

Esto es lo que suele ocurrir después de que un caballo se planta: que gire sobre sí mismo y salga disparado en cualquier dirección. Se trata de una reacción tan alarmante como peligrosa, pues en su huida, el animal puede descabalgaros de la montura, herirse o, peor aún, precipitarse a una carretera sin tener en cuenta el tráfico. También crea el riesgo de que, si el caballo da unos pasos atrás, apoye todo su peso en los posteriores y ello le facilite el ponerse de manos.

En ese caso, hay algunas cosas que podéis intentar para evitarlo, y otras que debéis evitar.

Qué hacer

❑ No le dejéis andar hacia atrás para evitar que se dé la vuelta más fácilmente y salga corriendo.

❑ Aligerad el contacto de las riendas para motivarle a ir hacia delante. No uséis excesivamente las piernas ni le deis un fustazo: ello le pondría todavía más en guardia.

❑ Si tenéis suficiente espacio, hacedle dar algunas vueltas, volvedle a poner en la dirección deseada y pedidle que avance.

❑ Si observáis que alrededor hay demasiados objetos peligrosos, os veis incapaces de hacerle avanzar, el caballo hace algún ademán de encabritarse o no queréis insistir para evitar lesionaros, desmontad inmediatamente y regresad a casa. Si llegáis a este punto, buscad ayuda experta con la mayor brevedad posible.

Si montáis un caballo asustadizo

Un caballo puede mostrarse temeroso cuando se le enfrenta a un objeto que considera amenazador o peligroso, o cuando de repente se percata de una presencia que le había pasado inadvertida. Hay caballos más asustadizos que otros; los días fríos, lluviosos y de mal tiempo, suelen propiciar este tipo de comportamiento.

Los días de viento propician que papeles, bolsas y otros objetos "floten extrañamente" en el aire; si vuestro caballo es muy miedoso, preferid darle cuerda y montar en un entorno controlado a salir de paseo por el exterior.

Algunas veces, seréis los primeros en pronosticar el problema, pero de no ser así, el caballo puede reaccionar huyendo precipitadamente de lo que le asusta; si estáis transitando una carretera, puede que el caballo invada la calzada poniéndoos a ambos en peligro.

Qué hacer

❑ Estad muy atentos a vuestro alrededor pero no os pongáis tensos, pues ello transmitiría al caballo una sensación de inseguridad y le pondría más "en guardia". Tratad de avanzar tranquila y confiadamente.

❑ Si el caballo muestra temor ante un objeto determinado, no le giréis la cabeza hacia él; al contrario, incurvad su cuello hacia el lado opuesto y usad vuestra pierna interior para hacerle avanzar. Si sabe ejecutar la espalda adentro, recurrid a ese ejercicio.

❑ Si estáis pasando al borde de una carretera, pedid a vuestro compañero que pare el tráfico hasta que hayáis alcanzado un lugar seguro; antes de intentar superar el obstáculo, esperad a que los vehículos se hayan detenido. Ser corteses y educados con los conductores y agradecedles su colaboración.

3 Primeros auxilios para personas

En este apartado

El botiquín de primeros auxilios

La mayoría de los propietarios tienen un botiquín de emergencia para sus caballos, pero no para ellos mismos. Con suerte, puede que nunca necesitéis más que una tirita, ¡pero si sufrís un accidente grave, agredeceréis muchísimo poder contar con otro destinado a las personas!

Para preparar un botiquín de primeros auxilios, podéis comprarlo ya equipado o bien colocar todo lo necesario en una caja sólida e impermeable, y colgarla en un lugar visible y de fácil acceso. Esta caja debería estar:

❑ claramente identificada;
❑ colocada en un lugar accesible (aseguraos de que todo el mundo sabe dónde está);
❑ revisada regularmente y surtida con todos los materiales necesarios;
❑ ubicada en un lugar fresco y seco.

BOTIQUÍN DE BOLSILLO

Aparte del instalado en las caballerizas, siempre que salgáis de las instalaciones deberíais llevar un pequeño botiquín de emergencia; muchas tiendas de materiales hípicos y farmacias venden pequeños botiquines ya preparados que podéis llevar en un bolsillo, una alforja o colgado de una anilla de la montura.

BOTIQUÍN BÁSICO

20 tiritas adhesivas de plástico, de distintas formas y tamaños

10 gasas esterilizadas: 6 de tamaño normal, 2 grandes, 2 extragrandes

2 rellenos esterilizados (para aplicar vendajes)

6 vendajes triangulares

1 rollo de algodón

6 imperdibles de varios tamaños

2 pares de guantes de látex, desechables

ELEMENTOS OPCIONALES BÁSICOS

unas tijeras de puntas redondeadas

unas pinzas de puntas redondeadas

2 vendas de crepé

un rollo de cinta adhesiva transpirable

láminas de plástico (para efectuar la respiración artificial)

toallitas sin alcohol para limpiar heridas

rellenos de gasa

una manta (no uséis nunca una de caballos)

Cómo evaluar la situación / al accidentado

Si sóis la primera persona en llegar al lugar del accidente, tenéis que evaluar rápidamente la situación y priorizar vuestras acciones:

1 Haced lo necesario para convertir el lugar del accidente en una zona segura para proteger al herido y al resto del grupo de eventuales peligros (si el suceso ha tenido lugar en una carretera, detened el tráfico y reunid los caballos desperdigados). Delegad las funciones que podáis.

2 Prestad los primeros auxilios dando prioridad a las heridas más graves.

3 Si fuera necesario, llamad a los servicios de urgencia. Si un herido está inconsciente, es incapaz de incorporarse, se siente mareado, tiene un color de piel extraño, dificultades para respirar o mucho dolor, llamad a una ambulancia.

4 No os separéis del herido hasta que la ambulancia llegue. Si alguien tiene que relevaros, comentadle vuestras impresiones al respecto.

Cuando vayáis a prestar auxilio a un herido observad en primer lugar el carácter de sus heridas y si alguna de ellas pudiera entrañar un riesgo de muerte. Empezad comprobando su nivel de consciencia: habladle, sacudidle cuidadosamente por los hombros (¡cuidadosamente!: tened en cuenta que podría haberse lesionado el cuello o la columna vertebral) o pellizcadle. Si no obtuvierais ninguna respuesta, gritad pidiendo ayuda.

Vuestras prioridades inmediatas deben ser:

- desobstruirle las vías respiratorias;
- aseguraros de que respira;
- vigilar su circulación sanguínea;
- obtener ayuda médica inmediata.

EL NIVEL DE INCONSCIENCIA

Aparte de observar y anotar sus constantes respiratoria y circulatoria cada 10 minutos mientras esperáis la ayuda, evaluad su nivel de inconsciencia. Anotad el más mínimo cambio que observéis y la hora en la que éste ocurra; después, facilitad esa información al personal paramédico que acuda. ¿Qué aspecto tiene el accidentado?:

- completamente inconsciente;
- consciente, pero un poco aturdido y confuso;
- consciente, pero completamente ajeno a lo que ocurre a su alrededor;
- no reacciona a ningún estímulo incluidos que se le grite, se le zarandee o se le cause dolor.

CÓMO ATENDER A UN HERIDO

Ante todo, recordad la norma de oro: "No le mováis."

NO:

- Le quitéis el casco.
- Le ofrezcáis comida, bebida ni cigarrillos.
- Os expongáis a ningún peligro.
- Intentéis hacer más de lo que podáis.
- Permitáis que una persona que haya permanecido inconsciente, conmocionada (ver Caídas, p. 139) o haya tenido dificultades para respirar, se vaya a casa sola: no le perdáis de vista hasta que le haya visitado un médico.

SÍ:

- Mantened la calma.
- Alertad a los servicios de urgencias tan pronto como podáis.
- Priorizad vuestras acciones (ver El ABC de los Primeros Auxilios, p. 156).
- Reclutad ayuda inmediata.
- Vigilad de cerca a cualquier persona inconsciente.
- Evitad el contacto con cualquier fluido corporal para evitar infecciones (poneos los guantes de látex).
- Usad el sentido común.

El ABC de los Primeros Auxilios

Siempre que atendáis a un herido, recordad el **ABC** de los Primeros Auxilios:
Acercamiento • **E**valuación • **A**brir vías respiratorias • **F**recuencia respiratoria • **F**recuencia cardíaca

ABRIR VÍAS RESPIRATORIAS Despejar
las vías respiratorias es la prioridad principal.
Abrid las vías respiratorias: colocad dos dedos
bajo la barbilla del herido y la otra mano sobre su
frente e inclinadle la cabeza hacia atrás. En esa posición, la lengua se separa del paladar y no obstruye
el paso del aire al esófago.
**Si creéis que puede existir una lesión cer-
vical,** haced esta operación apoyando una rodilla
sobre su cabeza, para evitar que mueva el cuello.
Colocad las dos manos a ambos lados de su cara,
apoyad los pulgares bajo su mandíbula y echadle
la cabeza hacia atrás cuidadosamente.

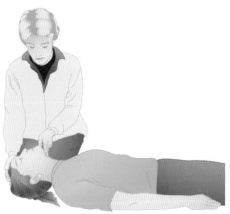

FRECUENCIA RESPIRATORIA

Comprobad si el herido respira acercando vuestra
mejilla a su nariz y su boca. Miradle el pecho para ver
si sube y baja, escuchad si le oís respirar y observad si
sentís su aliento en vuestra cara. Haced estas compro-
baciones al menos durante 10 segundos.
Si respira, colocadle en la posición de recuperación
(ver p. 157).
Si no respira, practicadle la respiración artificial
–o boca a boca– (ver p. 158).

FRECUENCIA CARDÍACA Comprobad
si le late el corazón tomándole el pulso; la manera
más fácil de hacerlo es colocando dos dedos sobre la
arteria carótida, que está bajo la mandíbula, entre el
esófago y la musculatura del cuello. Tomad el pulso
durante al menos 10 segundos.
Si tiene pulso pero no respira, continuad con la
respiración artificial.
Si no tiene pulso practicadle el masaje cardio-pulmonar (ver Reanimación cardio-pulmonar, p. 159).
Comprobad si tiene alguna hemorragia. Una
hemorragia abundante reduce el flujo sanguíneo de los
órganos vitales y puede desembocar en un estado de
shock. Una vez estabilizadas las frecuencias circulatoria
y respiratoria, atajad cualquier hemorragia grave.

La posición de recuperación

Un herido inconsciente pero que respira, debe ser colocado en la posición de recuperación. Esta postura mantiene abiertas las vías respiratorias, facilita la respiración y evita que el accidentado trague o inhale el posible vómito causado por un estado de shock. La pierna flexionada mantendrá quieto el cuerpo mientras salís en busca de ayuda.

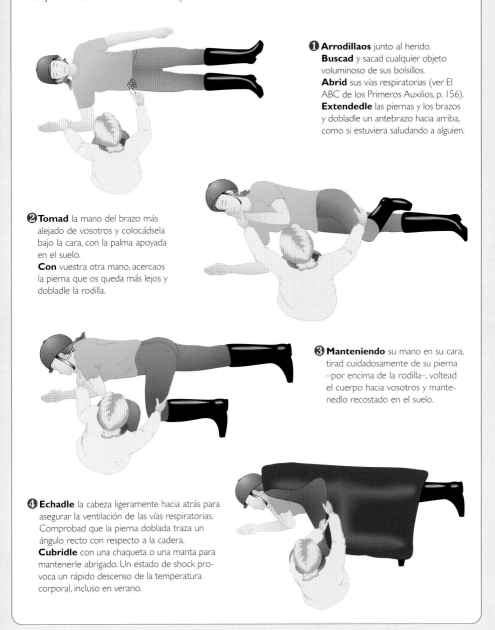

❶ Arrodillaos junto al herido.
Buscad y sacad cualquier objeto voluminoso de sus bolsillos.
Abrid sus vías respiratorias (ver El ABC de los Primeros Auxilios, p. 156).
Extendedle las piernas y los brazos y dobladle un antebrazo hacia arriba, como si estuviera saludando a alguien.

❷ Tomad la mano del brazo más alejado de vosotros y colocádsela bajo la cara, con la palma apoyada en el suelo.
Con vuestra otra mano, acercaos la pierna que os queda más lejos y dobladle la rodilla.

❸ Manteniendo su mano en su cara, tirad cuidadosamente de su pierna –por encima de la rodilla–, voltead el cuerpo hacia vosotros y mantenedlo recostado en el suelo.

❹ Echadle la cabeza ligeramente hacia atrás para asegurar la ventilación de las vías respiratorias. Comprobad que la pierna doblada traza un ángulo recto con respecto a la cadera.
Cubridle con una chaqueta o una manta para mantenerle abrigado. Un estado de shock provoca un rápido descenso de la temperatura corporal, incluso en verano.

Respiración artificial

Si el accidentado ha dejado de respirar, tendréis que soplar dentro de su boca para asegurar que sus células –especialmente las del cerebro– sigan recibiendo oxígeno. El aire que expiréis en su boca contiene aproximadamente un 16 % de oxígeno que puede salvarle la vida si le llega a los pulmones; a este procedimiento se le llama "Respiración artificial" o, más comúnmente, "Boca a boca".

❶ Abrid las vías respiratorias echando la cabeza del herido hacia atrás colocando dos dedos bajo su mentón y la otra mano sobre su frente. Introducid dos dedos en su boca –y deslizadlos por el contorno de sus encías– para detectar y extraer cualquier objeto extraño (como barro o alguna pieza dental). Si tenéis una lámina de plástico limpio a mano, hacedle un agujero y aplicádsela sobre la boca.
Tapadle la nariz con dos dedos e inclinaos sobre él.

❷ Tomad todo el aire que podáis y colocad los labios sobre su boca, procurando que quede lo mejor sellada posible.
Soplad enérgicamente hasta que veáis que su pecho asciende (lo que suele tardar unos 2 segundos).

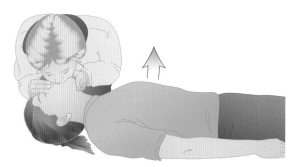

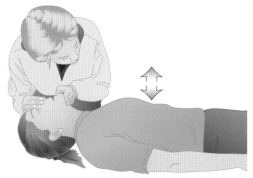

❸ Mantenedle la nariz tapada con vuestros índice y pulgar e incorporaros un poco para comprobar que su pecho desciende de nuevo (lo que suele tardar unos 4 segundos).
Volved a soplar y comprobad de nuevo sus constantes circulatorias.
Si ha recuperado la frecuencia circulatoria, continuad con la respiración artificial y volved a tomarle el pulso cada diez soplos. Si el herido empieza a respirar por sí mismo, colocadle en la posición de recuperación.
Si la frecuencia circulatoria no se restablece, pasad inmediatamente a la reanimación cardio-pulmonar.

Reanimación cardio-pulmonar

Si el herido no tiene pulso es que su corazón ha dejado de latir. En ese caso, deberéis restablecer su circulación sanguínea de modo artificial, mediante varias opresiones en el pecho alternadas con la respiración artificial. A esta intervención se le llama "Reanimación cardio-pulmonar". Aunque pocas veces se consigue reactivar al corazón, esta técnica sí asegura que un flujo de sangre oxigenada siga llegando al cerebro mientras llega la ayuda médica.

Si hay alguien con vosotros, pedidle que llame a los servicios médicos de urgencias inmediatamente. Si estáis a solas con el accidentado y éste ha sufrido una grave herida o se está ahogando, reanimadle durante un minuto y después corred a llamar a una ambulancia. En otras circunstancias, llamad primero a la ambulancia y después practicadle la reanimación.

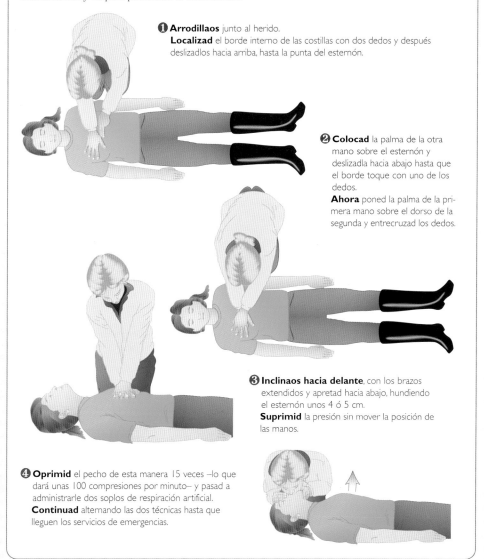

❶ **Arrodillaos** junto al herido.
Localizad el borde interno de las costillas con dos dedos y después deslizadlos hacia arriba, hasta la punta del esternón.

❷ **Colocad** la palma de la otra mano sobre el esternón y deslizadla hacia abajo hasta que el borde toque con uno de los dedos.
Ahora poned la palma de la primera mano sobre el dorso de la segunda y entrecruzad los dedos.

❸ **Inclinaos hacia delante**, con los brazos extendidos y apretad hacia abajo, hundiendo el esternón unos 4 ó 5 cm.
Suprimid la presión sin mover la posición de las manos.

❹ **Oprimid** el pecho de esta manera 15 veces –lo que dará unas 100 compresiones por minuto– y pasad a administrarle dos soplos de respiración artificial.
Continuad alternando las dos técnicas hasta que lleguen los servicios de emergencias.

Estado de Shock

Algunas lesiones pueden provocar un estado de shock en el paciente que, de no atenderse eficazmente, puede resultar fatal. Los síntomas son:

- un pulso inicialmente acelerado, empieza a ralentizarse y debilitarse;
- palidez;
- sensación de mareo o vértigo;
- náuseas y, posiblemente, vómitos;
- respiración acelerada y profunda;
- piel sudorosa, fría y pegajosa.

Ocupaos de cualquier causa evidente de shock, como una hemorragia externa.
Acostad al herido sobre una manta u otra prenda para aislarle del frío del suelo.
Levantadle las piernas para garantizar el correcto riego sanguíneo de los principales órganos internos. Si sospecharais alguna fractura, hacedlo con mucho cuidado.

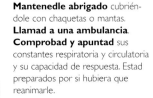

Mantenedle abrigado cubriéndole con chaquetas o mantas.
Llamad a una ambulancia.
Comprobad y apuntad sus constantes respiratoria y circulatoria y su capacidad de respuesta. Estad preparados por si hubiera que reanimarle.

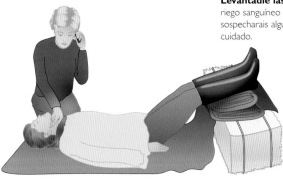

Fracturas

Llamad a una ambulancia.
Detened la hemorragia en caso de fracturas abiertas (cuando el hueso ha rasgado la piel). Nunca ejerzáis presión sobre la cabeza de un hueso (ver Hemorragias, p. 161).
Asid y sujetad suavemente la extremidad fracturada colocando una mano debajo de la misma. Si se trata de un brazo roto, puede que el lesionado prefiera hacerlo él mismo.

Comprobad el estado de shock (ver más arriba).

Aplastamientos

Los aplastamientos de dedos y tobillos son muy frecuentes mientras se manejan caballos; por ejemplo, es muy fácil pillarse un pie o los dedos de las manos en la puerta de un establo, con un cerrojo o una cancela.

Si alguien se ha aplastado los dedos de las manos, y a ser posible, sacadle todas las joyas o bisutería antes de que se le hinchen.
Elevad el miembro afectado.
Vendádselo con un material mullido.
Encargaos de que se le lleve al hospital.

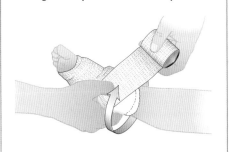

Hemorragias

Si una herida sangra, poneos unos guantes de látex antes de manipularla, para evitar cualquier riesgo de infección. Si la hemorragia es severa y tenéis a alguien cerca, mandadle llamar a una ambulancia mientras practicáis los primeros auxilios al herido. Si estáis solos, seguid los siguientes pasos y después llamad al servicio de urgencias.

❶ **Pedid al herido que se siente o se tumbe en el suelo**; ello contribuye a reducir el riego sanguíneo de la extremidad afectada y evita que, de marearse o desmayarse, caiga desplomado.
Localizad el origen de la hemorragia; para ello, puede que tengáis que sacar o cortar alguna prenda de ropa del herido.
Atajad la hemorragia aplicando presión sobre la herida con alguna compresa o paño limpio.

❷ **Asegurad** la compresa con un vendaje.

❸ **Si hubiera algún cuerpo extraño incrustado** en la herida, no intentéis extraerlo; simplemente aplicad un par de vendas a cada lado para evitar cualquier presión sobre él mismo, y vendad por encima de ellas.
Levantad y sostener el miembro afectado, a poder ser por encima del nivel del corazón del herido.
Comprobad el color de la piel cercana al vendaje para confirmar que éste no le oprime demasiado y le dificulta la circulación.
Si la sangre traspasa el vendaje, aplicad nuevos vendajes encima.

❹ **Si no fuera posible** aplicar una presión directa sobre una herida, recurrid a la "presión indirecta": aplicad presión con los dedos sobre la arteria que sangra, cuyas principales venas son las que discurren cerca del hueso.
No apliquéis una presión indirecta durante más de diez minutos.
Nunca hagáis un torniquete, porque puede empeorar la hemorragia y dañar los tejidos colindantes.

Sospechas de lesión en cervicales o columna vertebral

Si el accidentado está consciente, preguntadle si puede mover los dedos de sus manos y pies; si no puede, se siente paralizado o siente un persistente cosquilleo, considerad que puede tener alguna lesión en las vértebras cervicales o en el resto de la columna.

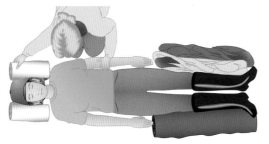

❶ **Moved al herido lo menos posible** y sólo si es absolutamente necesario.
Pedid a los demás que os faciliten ropa o mantas enrolladas para colocárselas a los lados del cuerpo.

❷ **Arrodillaos detrás de su cabeza** y colocad las manos a ambos lados de su cara, para ayudarle a permanecer quieto.
Vigiladle continuamente hasta que llegue la ayuda, por si perdiera la conciencia, el pulso o la frecuencia respiratoria.

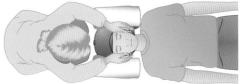

Estado de inconsciencia

Si el accidentado está inconsciente, comprobad sus constantes respiratoria y circulatoria; recordad que practicarle una reanimación y mantenerle abiertas las vías respiratorias son dos acciones prioritarias, aunque puedan empeorar alguna lesión o fractura.

❶ **Abrir las vías respiratorias** (ver p. 156).

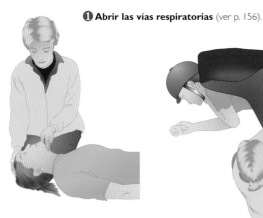
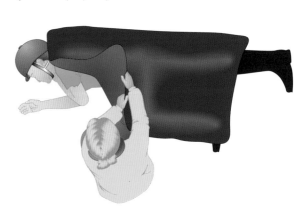

❷ **Si estáis solos** y tenéis que dejar sola a una persona inconsciente para ir a buscar ayuda, dejadle siempre en la posición de recuperación.

4 Prevención de accidentes

En este apartado

Seguridad

Aunque garantizar la seguridad de unas caballerizas al 100 % es prácticamente imposible, sí se pueden adoptar algunas medidas de seguridad que las hagan "menos vulnerables". Recordad que todo cuanto hagáis para impedir los robos debe tener un carácter disuasorio.

❶ Marcad a vuestros caballos y sus arneses
Ya sea mediante un microchip, tatuaje o marcas de hierro en caliente o frío (ver p. 98); esta última es la más evidente y permanente de todas ellas. Seleccionad una empresa aseguradora que cuente con un servicio de emergencias durante las 24 horas del día y que tenga una buena base de datos nacional. Informaos del tipo de asistencia que ofrece en caso de robo, como por ejemplo si contempla algún tipo de indemnización o facilita el contacto con la policía.

Colgad varios letreros por las caballerizas y en los vallados de los campos advirtiendo del hecho de que, tanto los caballos como los arneses, están marcados por seguridad; esta gran medida disuasoria, además, impide confusiones entre posibles caballos extraviados.

❷ Conservad las cartillas de identificación
Elaborad un archivo con las descripciones específi-

cas de vuestros caballos, incluyendo todos los detalles y marcas distintivas. Incluid en él varias fotografías recientes tomadas de frente, de espaldas y desde ambos lados. (Guardad este archivo en casa, no en las caballerizas.) Si os robaran el caballo, toda esta información sería de gran ayuda para recuperarlo y para demostrar que os pertenece.

❸ Cerrad las caballerizas y las puertas de los prados con un candado
Asegurad las puertas con una fuerte cadena y un candado, por el lado de las bisagras y el del cerrojo. **No pongáis candados a las puertas de los boxes, por si hubiera un incendio**.

❹ Instalad focos sensoriales y alarmas antirrobo
Hay focos provistos de una célula que, al detectar un movimiento, se activan y dan luz; dichos focos pueden conectarse a una alarma antirrobo. Si queréis, podéis instalar también un circuito cerrado de vídeo. Colocad un letrero que advierta de todos estos dispositivos en un lugar visible.

UN PERRO GUARDIÁN

Un perro guardián es una medida disuasoria muy eficaz. Colgad varios letreros que adviertan de su presencia.

⑤ Nunca dejéis llaves escondidas en cualquier sitio

⑥ Haced instalar una alarma en el guardarnés

Marcad también todas las monturas y sudaderos. Siempre que podáis, guardad vuestros arneses en casa. Colocad mecanismos antirrobo en los soportes de las monturas (ver foto inferior).

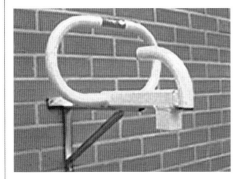

Los guardarneses deberían tener pocas puertas de acceso, e idealmente sólo una. De haber ventanas, tendrían que estar ubicadas lo más alto posible y protegidas por una reja; las cerraduras deben ser fuertes: un simple candado no basta. Comprobad que el techo no sea un punto débil. No señalicéis la ubicación del guardarnés por toda la caballeriza.

⑦ Instalad algún sistema de seguridad en vuestros vehículos

Poned alarmas en los camiones, remolques y vehículos con los que los arrastréis. Durante las competiciones, guardad los arneses en su interior mientras no los uséis y cerrad los vehículos.

⑧ Memorizad los detalles de cualquier vehículo sospechoso

Tomad buena nota de cualquier vehículo extraño que merodee por vuestras instalaciones. Pedid a los vecinos que hagan lo mismo y que os adviertan de cualquier actividad sospechosa en el mismo instante en que la detecten.

Desconfiad de cualquier extraño que os crucéis, que os diga que está visitando la caballeriza e inicie una absurda conversación sobre alguno de los caballos: no le deis ninguna información acerca de los sistemas de seguridad.

⑨ Variad sistemáticamente la frecuencia con la que visitáis a los caballos

Eso dificultará a un ladrón el hecho de calcular las horas en las que la caballeriza está desierta.

⑩ Aprovechad las autoridades locales

Pedid al comisario local que visite vuestras instalaciones y que os haga cualquier observación acerca de cómo podéis mejorar vuestros sistemas de seguridad.

REVISAD ATENTAMENTE VUESTRA PÓLIZA DE SEGUROS

Muy a menudo, los objetos codiciados por un ladrón no son únicamente los caballos, sino también sus arneses, mantas, remolques y camiones.

En un robo que tuvo lugar en una caballeriza el pasado invierno, los ladrones no sólo se llevaron todos los arreos del guardarnés, sino también las mantas que los caballos (tanto de los establos como del prado) llevaban puestas. Muchos propietarios se quedaron estupefactos al ver que su aseguradora se negaba a pagarles sus arreos porque, en la póliza, no habían marcado las premisas relacionadas con ellos.

Prevención de incendios y seguridad en las caballerizas

Unas caballerizas en llamas pueden ser una trampa mortal, por lo que resulta obligado cumplir una serie de medidas preventivas:

1 Haced cumplir a rajatabla la advertencia "Prohibido fumar", tanto en el interior de las caballerizas como en sus alrededores.

2 Tomad medidas de seguridad para abortar cualquier conato de incendio provocado (ver p. 111).

3 En las caballerizas, manejad cualquier material eléctrico con sumo cuidado
- Todos los cables eléctricos deben estar en buenas condiciones y a prueba de agua y roedores.
- Cualquier toma eléctrica exterior y enchufe deben tener una tapa impermeable y estar instalados fuera del alcance de los caballos.
- Todos los accesorios y electrodomésticos eléctricos deben ser revisados regularmente por un electricista cualificado.
- Los apliques o focos de los establos deben estar situados cerca del techo, contener bombillas de bajo voltaje y estar protegidos con una rejilla aislante.
- Las esquiladoras, calefactores y otros utensilios eléctricos deben desenchufarse inmediatamente después de su uso.
- Los sudaderos, mantas y otras prendas por el estilo no deben dejarse cerca ni sobre calefactores o estufas.

4 Manejad cuidadosamente cualquier material inflamable
Algunos materiales como petróleo, gasóleo o pintura deben guardarse en un lugar seguro y tan alejado de las caballerizas como sea posible.

En caso de incendio

Las medidas a tomar en caso de incendio, así como las alarmas y extintores, deben estar expuestos en un lugar evidente y accesible.

1 Aseguraos de que haya suficientes carteles y alarmas
Éstos deberían estar diseminados por toda la caballeriza y edificios cercanos.

2 Instalad detectores de humos en los boxes y establos comunitarios
Estos dispositivos tienen que chequearse una vez al mes; para evitar bloquear el sensor de humos, hay que prevenir la acumulación de polvo y telarañas en sus ranuras, aspirándolas y limpiándolas con un trapo de vez en cuando. Si el sistema está conectado a la red de electricidad continua en vez de a una serie de baterías, desconectadlo antes de limpiarlo.

3 Comprobad que haya suficientes tomas de agua y extintores
Los extintores deben ser de un tipo determinado y reemplazados regularmente (la empresa encargada os informará). Todas las mangueras deben estar en buen estado y ser suficientemente largas.

4 Las puertas de las caballerizas deben ser lo bastante anchas como para permitir el paso de un coche de bomberos

5 Mantened todas las salidas y entradas despejadas en todo momento

---

CARTEL DE INCENDIOS

Los carteles de incendios deben contener la siguiente información:
- Lo que hay que hacer en caso de incendio.
- La ubicación de la alarma de incencios.
- La ubicación del teléfono más próximo, el número al que hay que llamar y la información que hay que dar a los bomberos.
- Los puntos de reunión de las personas y los paddocks en los que hay que alojar a los caballos evacuados.
- La ubicación de los extintores, cubos y mangueras.
- La ubicación del botiquín de primeros auxilios.

⑥ Mantened en buen estado todos los cerrojos y pestillos

Tienen que poder abrirse y cerrarse con facilidad, ¡pero no estar demasiado sueltos!

⑦ Cada caballo debe tener su cabezada de cuadra y su ramal colgados frente a la puerta del box

⑧ Pedid a los bomberos locales que comprueben todas vuestras medidas de seguridad contra incendios

Escuchad sus consejos acerca de otras precauciones y equipamientos.

La seguridad en las caballerizas

Aunque el aspecto general de las caballerizas no luzca lo flamante que os gustaría, sí debe constituir un entorno seguro. Es probable que, de acostumbraros a su aspecto exterior, os despreocupéis de la limpieza y el orden. Dadle un nuevo aire paseando media hora por los alrededores y apuntando todo aquello que os parezca peligroso para vosotros y para vuestros caballos:

❶ Echad un vistazo al estado del suelo

El suelo de las caballerizas debe estar barrido, nivelado y libre de hoyos; cualquier desagüe en el suelo debe ser lo suficientemente fuerte para soportar el peso de un caballo.

Cuando el clima es extremadamente frío, hay que cubrir el suelo con arena o gravilla.

❷ No dejéis las herramientas de mantenimiento por cualquier sitio

Todas las herramientas de mantenimiento, carretillas y utensilios de limpieza general deben ordenarse en una zona segura y reservada para este uso, y no de cualquier manera, cerca de los boxes. Las horcas deben colgarse a cierta altura, con las púas mirando a la pared.

Las balas de cama, los arreos o el equipo de limpieza no deben estar diseminados por el suelo ni expuestos a ser pisados.

❸ El estercolero y los graneros tienen que estar bien alejados de los establos

Ello reducirá notoriamente el riesgo de que un incendio les alcance y se propague rápidamente.

❹ Los establos y las puertas de acceso deben tener unas dimensiones y un diseño prácticos

Deben ser adecuados para la talla del caballo y estar en buenas condiciones.

❺ Hay que destinar un lugar al aparcamiento de vehículos

El aparcamiento debe estar prudentemente alejado de los caballos y el almacén de forraje, y no obstruir ningún acceso a las caballerizas.

❻ Hay que controlar permanentemente a los niños y a los perros

❼ Comprobad la idoneidad de los vallados respecto a los caballos y mantenedlos en buen estado

❽ Tirad la basura a diario

❾ Todos los medicamentos y desparasitadores estarán convenientemente guardados fuera del alcance de los niños

❿ Mantened las puertas del almacén de comida cerradas

Prendas protectoras para jinetes

Durante las primeras clases de equitación, normalmente se indica a los alumnos qué vestimenta deben llevar para estar seguros y cómodos; sin embargo, cuando los alumnos van progresando y adquieren su propio caballo, muy a menudo olvidan todas esas recomendaciones. Vestir el equipo adecuado no es sólo una manera de estar elegante: todas las prendas están diseñadas para proporcionar comodidad, facilidades y –lo que es más importante– seguridad al jinete.

El principal vestuario del jinete consiste en el casco, el calzado y los protectores corporales.

El casco

El uso del casco es vital para realizar cualquier actividad sobre el caballo (y algunas otras pie a tierra) y evitar herirse de gravedad o muerte. Aunque llevar casco no evita absolutamente el riesgo de lesionarse en la cabeza, no hay duda alguna de que sí ha salvado muchas vidas. Aunque caigáis sin golpearos directamente la cabeza, recordad que el golpe oblicuo de un casco o un fuerte impacto con la rama de un árbol pueden bastar para fracturaros el cráneo.

Hay un requisito legal que obliga a los menores de catorce años a montar con un casco homologado.

❶ Cómo elegir el casco

• **Compradlo en una tienda con personal especializado** para asegurar que os dan la talla adecuada y os enseñan a abrocharlo y conservarlo adecuadamente. Aunque ya hayáis tenido otros cascos y creáis saber vuestra talla, un detallista que conozca el oficio os medirá la cabeza. Un sorprendente número de jinetes están convencidos de que llevan el casco adecuado y, sin embargo, no es de su talla.

• **No creáis que porque el casco parezca muy sólido podéis elegir el que os sea más cómodo**, o acabaréis comprando un casco que os va grande. Aunque un casco de la talla adecuada no tiene por qué resultaros incómodo, tiene que quedaros más bien ceñido. Probad varias marcas distintas hasta dar con el que mejor se adapte a la forma de vuestra cabeza.

• **No os coloquéis el casco desde la nuca** o se os asentará demasiado inclinado hacia atrás; ponéoslo sobre la frente y deslizadlo hacia arriba, para que os quede bien centrado.

• **Para asegurarlo, ajustáoslo bien sobre la cabeza, graduad la longitud de las correas, y abrochad el cierre según las instrucciones**. El acolchado posterior debe quedar bien colocado sobre la base del cráneo. El casco debe quedar tan amoldado a la cabeza que, abrochado, sea imposible sacarlo, pero sin que os asfixie. Recordad que, aunque el casco no os resbale hacia los lados ni os caiga, las correas de un casco de una talla inadecuada no cumplen su función.

- **Aseguraos de que esté homologado.** El casco es un elemento de una importancia vital, así que nunca compréis un casco de segunda mano, sencillamente porque no conocéis su historia. A los jinetes noveles se les permite llevar los cascos del centro hípico pero, en cuanto deciden continuar montando de forma regular, dichos jinetes deberían decidirse a invertir en el que representa el componente más importante de todo el vestuario.

❷ Descartad o reemplazad un casco estropeado por otro nuevo

Si os habéis golpeado la cabeza en una caída o el casco ha colisionado en un suelo muy duro, puede que no veáis ninguna grieta ni abolladura, pero sin duda el casco ha perdido parte de su eficiencia debido al impacto y deberíais sustituirlo. Esta norma puede sonaros muy exagerada y cara, ¡pero tened en cuenta que es más fácil reemplazar un casco que una cabeza!

❸ Abrochaos siempre el casco

Un casco desabrochado no constituye ninguna prenda de seguridad: abrocháoslo siempre.

❹ Cuidad de vuestro casco

Limpiadlo según las recomendaciones del fabricante y no lo dejéis expuesto a altas temperaturas (como en la bandeja posterior del coche en un día caluroso), puesto que el calor puede distorsionarlo.

El calzado

❶ Aseguraos de que el calzado no se os pueda quedar atrapado en los estribos ni resbale por ellos

Los zapatos de tacón, sandalias y botas de agua (arriba) no son calzados adecuados para montar a caballo. Las zapatillas de deporte (excepto las fabricadas especialmente para este uso) tampoco lo son. El calzado adecuado para la práctica de la equitación debe tener las suelas lisas y un tacón (abajo) de no menos de 1,25 cm ni más de 2,5 cm.

❷ Llevad un calzado protector mientras manejéis caballos

El peso de un poni pequeño sobre uno de vuestros pies es suficiente para haceros chillar de dolor e incluso fracturaros algunos huesos. Las botas con punteras de acero tuvieron muy mala prensa en el pasado debido a la aparición de algunos productos deficientes en el mercado; a día de hoy, sin embargo, han mejorado muchísimo (e incluso las hay con el distintivo CE que garantiza su total seguridad y eficiencia).

Prendas protectoras para jinetes

Seguro que alguna vez habéis visto jinetes de salto o trial que llevan protectores corporales por iniciativa propia. Hoy en día, estas prendas cuentan con un diseño mucho más cómodo y eficaz y su uso es cada vez más común entre jinetes de ruta y otras disciplinas.

Las caídas conllevan el inevitable riesgo de ser pisado o coceado, recibir un fuerte impacto contra el suelo, un árbol o un obstáculo de la pista; este tipo de protectores ayudan a minimizar estas contusiones. Los de mejor calidad protegen algunos órganos vitales, previenen de roces y quemaduras y prácticamente anulan la posibilidad de fracturarse las costillas. Lo que no evitan son lesiones debidas a fuertes torsiones, flexiones o aplastamientos en algún lugar del cuerpo.

❶ Acudid a un minorista reputado

Cuando vayáis a comprar un casco o un protector corporal, dirigíos a un buen profesional que os informe y aconseje acerca de cómo colocaros y ajustaros la prenda. Un verdadero experto no os venderá ningún artículo sin mediros el cuerpo para asignaros la talla correcta.

❷ Haced que os tomen medidas

Haced que os tomen medidas desde la cintura hasta los hombros, y de éstos hasta la base de la columna, por la espalda, y también del contorno del pecho y de la cintura.

❸ Pedid que os hagan los arreglos necesarios para que la prenda se os ajuste perfectamente.

Una vez se os haya asignado vuestra talla, puede que todavía haya que reajustarla a las características de vuestro cuerpo. Un patrón que se amolde a la forma de vuestro cuerpo cierto tiempo es mu-

cho mejor que otro que os vaya holgado u os apriete demasiado. El calor corporal también afecta a la manera en que la prenda se amolda a vuestra silueta, así que, antes de ajustarla definitivamente, dejad pasar algunos minutos.

Comprobad lo siguiente:

• Cualquier protector corporal tiene que tener cierta rigidez que garantice su inmovilidad y seguridad en caso de caída.

• No tiene que engancharse en la montura.

• Debe cubrir todo el perímetro del torso.

• La prenda debe cubrir la espalda hasta el huesecillo que sobresale bajo la nuca.

• Visto de frente, el borde inferior debe medir no menos de 25 mm por debajo de la última costilla y no dificultar el movimiento de la cadera.

• Los agujeros por donde se pasan los brazos deben ser redondos y lo más pequeños posible.

• Tiene que ser confortable en cualquier posición del jinete y no impedir ni dificultar la flexibilidad de sus movimientos.

HAY TRES TIPOS DE PROTECTORES

Según sus prestaciones, los protectores se clasifican en tres tipos: los de 1ª clase (que ofrecen un nivel de protección más bien escaso), los de 2ª (aseguran la protección mínima recomendada) y los de 3ª (son los de más alto nivel).

Un protector corporal demasiado grande no garantiza la seguridad; cuando busquéis uno para un niño, no se lo compréis "para que le dure".

Protectores y seguridad

A continuación, os haré algunas observaciones acerca de otros protectores corporales y su relación con la seguridad:

❶ Los guantes protegen las manos

El uso de guantes protege las manos de roces y quemaduras mientras se monta o maneja a un caballo. Los que tienen las palmas de las manos rugosas favorecen también un mejor agarre.

❷ Usar las espuelas con moderación

Cuando montéis por primera vez a un caballo desconocido, nunca llevéis espuelas. Siempre que manejéis a un caballo desde el suelo, quitáoslas: si andáis hacia atrás o de lado, podríais fácilmente tropezar y caer.

❸ Si lleváis una chaqueta, abrocháosla

Nunca llevéis una prenda desabrochada que pueda ondear asustando al caballo. Por la misma razón no os la pongáis ni saquéis mientras estéis montados.

❹ Si lleváis gafas, que tengan las lentes de plástico, no de cristal

Las patillas rígidas pueden romperse fácilmente en una caída y cortaros la cara; comprad gafas con las patillas flexibles.

❺ Protegeos siempre los brazos

Si hace calor, usad una camiseta fina pero no mangas (¡y, por descontado, no montéis con el torso desnudo!). Las mangas os protegerán de eventuales quemaduras y arañazos en caso de caída.

❻ Dejad toda la bisutería en casa

Pendientes, pulseras, collares, anillos y *piercings*

se os pueden enganchar mientras manejáis a un caballo o hacéis cualquier otra actividad ecuestre.

❼ Elegid la vestimenta apropiada

Poneos el casco, los guantes y un buen calzado. Las estadísticas facilitadas por una compañía aseguradora de actividades ecuestres revela que la mayoría de accidentes relacionados con caballos ocurren en los establos o al llevarlos del diestro.

❽ Antes de comprar o renovar vuestro equipo, consultad la normativa oficial y observad las últimas novedades

Los artículos destinados a las actividades ecuestres mejoran día a día. Si estáis pensando en adquirir o renovar alguna prenda al respecto, consultad la normativa oficial o a algún organismo dedicado a este deporte; las diversas disciplinas requieren distintos niveles de protección.

VESTUARIO Y COMODIDAD

La comodidad está estrechamente relacionada con la seguridad: una prenda que oprima o incomode al jinete compromete su correcta postura y distrae su atención del caballo.

- Los pantalones de montar garantizan la libertad de movimientos: ¡están especialmente diseñados para no comprimir determinados puntos anatómicos...!
- La ropa interior también tiene su importancia: los hombres montan más cómodos con calzoncillos ceñidos que con los típicos boxers; las mujeres deberían evitar las braguitas con encajes y los tangas, y llevar un sujetador que garantice un buen sostén y no contenga varillas metálicas que puedan romperse y clavárseles bajo el pecho.

Equipamientos protectores para caballos

Protectores de descanso y trabajo

El uso de protectores y vendajes impiden que el caballo se hiera o golpee las extremidades mientras descansa en la cuadra, trabaja o viaja en un remolque.

Para ello, hay infinidad de modelos en el mercado; si no estáis seguros acerca de los protectores que necesitáis, preguntad a vuestro monitor o guarnicionero.

❶ La talla

En primer lugar, comprobar si son de la talla de vuestro caballo; si no lo fueran, no sólo no le protegerán como es debido, sino que además podrían interferir en sus movimientos, causarle molestias o movérsele y/o caer, haciéndole tropezar.

❷ La fijación

Deben quedar lo suficientemente fijados para que se mantengan en su lugar, pero no tanto como para dificultar la circulación sanguínea o la correcta flexión de las articulaciones.

❸ La cara interna de los protectores

Debe mantenerse escrupulosamente limpia: si la suciedad o el sudor seco se acumulan, pueden irritarle gravemente la piel de las extremidades.

❹ Los cierres

Mucho cuidado con los cierres: tienen que abrocharse en la cara externa de las extremidades y mirando hacia atrás, para no interferir en el movimiento de la extremidad opuesta. Los cierres de velcro son más fáciles y rápidos de poner y sacar que los cierres de hebilla o correa. Sin embargo, para su óptimo agarre, deben mantenerse perfectamente limpios.

Vendas

Los profesionales las prefieren a los protectores; sin embargo, la mayoría de la gente encuentra que los protectores son más prácticos y seguros. Vendar las extremidades requiere cierta práctica y, de hacerlo deficientemente, puede dañar tremendamente las patas del caballo (ver Vendajes, p. 20).

❶ Las vendas deben aplicarse sobre una primera capa acolchada

Usad el algodón gasado (o Gamgee) o un relleno llamado Fybagee.

❷ Los cierres deben colocarse en la parte superior y externa de las extremidades

Las vendas deben quedar planas y se deben asegurar mediante un nudo ubicado sobre el hueso, no sobre un tendón. Para mayor seguridad, hay que aplicar una cinta adhesiva que mantenga la venda en su lugar. Los cierres no deberían estar más apretados que el resto de la venda.

PROTECCIÓN DURANTE EL EJERCICIO

Si montáis a un caballo mientras lleváis a otro de reata, aseguraos de que ambos llevan protectores para evitar que le alcancen el uno al otro. Es muy aconsejable poner campanas en las manos del que se lleva de reata, y en los pies del que va montado.

❸ Tened cuidado con las vendas que se humedecen durante el ejercicio

Si están mojadas, las vendas pueden aflojarse y resbalarse. Tras la sesión de trabajo, sacádselas para evitar que, al secarse, le opriman las patas.

Los protectores de viaje

Para viajar y para enseñar al caballo a entrar y salir de un remolque, hay que protegerle las extremidades para evitar que se las lastime si resbala, se desequilibra o cae. Si hace frío o hay humedad en el ambiente, habría que abrigarle con una manta.

❶ Utilizad una manta que se abroche mediante unas correas a la altura del pecho o con un cinchuelo acolchado

Eso evitará que le resbale por el dorso durante el viaje o cuando desembarque, asustando al caballo.

❷ Para una mayor protección, colocadle un protector de nuca, un vendaje de cola y un protector de cola

Algunas mantas incorporan una anilla en el dorso para asegurar el protector de cola y mantenerlo en su lugar. Si engancháis a esa anilla una sobrecincha, aseguraos de que ésta no ejerza demasiada presión sobre el dorso del caballo y utilizad un pecho-petral para evitar que se desplace hacia atrás.

❸ Usad protectores de viaje o vendas

Los protectores de viaje son mucho más fáciles y rápidos de colocar que las vendas. Hay nuevos diseños que protegen las rodillas y los corvejones. Sin embargo, para que resulten eficaces, deben ser de la talla del caballo. Antes de estrenarlos, debéis lavarlos para que pierdan la rigidez inicial y se amolden mejor a las extremidades.

Si en vez de protectores usáis vendas, no olvidéis colocar protectores en las rodillas y corvejones. Aseguraos de que el vendaje cubre las coronas de los cascos para protegerlas de un eventual traspiés, o bien colocad unas campanas.

Vestimentas de alta visibilidad

Las prendas de alta visibilidad no sólo os protegerán –a vosotros y a vuestros caballos– en caso de sufrir un accidente de tráfico, sino que realmente previenen que éste tenga lugar.

No todos los jinetes tienen la suerte de poder cabalgar por caminos alejados de las carreteras, pero incluso en zonas ajenas al tráfico, repletas de caminos y senderos aptos para la equitación, llevar este tipo de ropas ayuda a transitar un corto tramo de vía pública. Con el sustancial aumento de la circulación motorizada en nuestros días, la seguridad en la carretera debería ser una de las preferencias de cualquier jinete y una de las maneras de garantizar la propia seguridad –la vuestra y la de vuestro caballo– es resultar lo más visible posible. La explicación más generalizada cuando un vehículo arrolla a un caballo con su jinete es "No pude verles", lo que pone de relieve la importancia de este aspecto. Vestir prendas de colores vivos no es suficiente: para estar realmente visible, hay que llevar ropas especiales y otros artilugios de alta visibilidad.

Durante el día

Durante las horas de sol, las prendas fluorescentes destacan más que otras y en la actualidad las hay de color amarillo, naranja, rosa y verde lima. Los pigmentos especiales de sus tejidos absorben mejor los rayos ultravioleta y reflejan colores más intensos, incluso, que el blanco. Está demostrado que, si lleváis una prenda fluorescente, un conductor os verá al menos tres segundos antes; esto quiere decir que un conductor que circule a 80 km/h, tendrá 66 m más de margen para frenar. Así pues, aunque unos pocos segundos puedan parecer muy poco tiempo, pueden significar la diferencia entre que un conductor os atropelle o pueda desacelerar para sobrepasaros con total seguridad.

En condiciones de mala visibilidad

Con malas condiciones de visibilidad, la ropa fluorescente queda deslucida y opaca; en este caso, es mejor vestir prendas reflectantes que brillan ante los focos de los coches y reflejan 3.000 veces más cantidad de luz que el color blanco. Las mejores prendas son las que combinan zonas de tejido fluorescente con otras de tejido reflectante.

La mayoría de los jinetes son muy conscientes de que deben llevar una vestimenta de alta visibilidad durante los días grises de los meses de invierno, pero no tanto de que resulta adecuada para todos los días del año, incluidos los largos,

brillantes y calurosos días de verano. Pues bien: las estadísticas demuestran que no hay apenas diferencia entre el número de accidentes que se registran en una u otra estación, y que la mayoría de ellos tienen lugar durante el día y no al amanecer ni al anochecer.

Gran parte de los caballos son grises, negros o marrones, es decir: colores que se confunden fácilmente con el suelo, tanto en verano (derecha) como en invierno.

De no llevar algún tipo de complemento de alta visibilidad, es fácil que un conductor no les vea hasta que sea demasiado tarde. También debéis tener en cuenta que la luz muy brillante y clara puede deslumbrar inevitablemente a un conductor.

Qué hay que llevar

❶ Una funda o banda reflectante en el casco

Resultan especialmente útiles cuando se transita por carreteras con muchas curvas y altos márgenes: avisan rápidamente al conductor de que tiene un jinete justo enfrente.

❷ Un chaleco de alta visibilidad

Que llame la atención de los conductores que se os acerquen en cualquier sentido de la marcha.

❸ Bandas reflectantes para las extremidades

Hay que ponerlas en las cuatro patas del caballo. Si sólo tenéis dos, colocádselas en las extremidades que quedan en el lado interior de la calzada. Como el caballo mueve constantemente las patas, estas bandas reflectantes llaman fácilmente la atención de los conductores; y, además, al ir colocadas cerca del suelo, los faros de los coches las hacen muy efectivas.

❹ Un protector de cola de alta visibilidad

La parte más vulnerable del caballo son sus cuartos traseros. Las estadísticas dicen que en un 33 % de los accidentes de tráfico, el caballo ha sido arrollado por detrás.

❺ Una banda de alta visibilidad para la frente o el cuello

Para llamar la atención de los conductores que se os acercan de frente.

Otros accesorios

Además de los citados hasta ahora, existen otros accesorios de alta visibilidad en los que podéis invertir:

❶ Guantes con tejidos fluorescentes y reflectantes en el reverso de las manos y bandas reflectantes para los brazos

Para evidenciar las señales que hagáis con las manos.

❷ Fundas reflectantes para las riendas

❸ Clips lumínicos

Estos aparatitos pueden comprarse en las tiendas para ciclistas y emiten un destello intermitente o continuo. Son muy ligeros y efectivos y pueden engancharse a la montura, a los protectores del caballo o a vuestras propias prendas.

❹ Luces para los estribos

De venta en establecimientos hípicos especializados: se enganchan a los estribos, con la luz blanca mirando hacia delante, y la roja mirando hacia atrás.

"ESTAR VISIBLE ES ESTAR SEGURO"

Éste es un eslogan de la BHS (British Horse Society).

- Llevad prendas y accesorios de alta visibilidad a lo largo de todo el año, independientemente de la estación y las condiciones climáticas.

- Evitad transitar por carretera con vuestro caballo durante los días grises, lluviosos o con niebla, al anochecer y al amanecer.

- Recordad que durante el invierno, los días son muy cortos; cuando planifiquéis una ruta, calculad tiempo de sobra para regresar a casa.

- No os avergoncéis si vuestros compañeros se mofan de vuestra costumbre de vestir prendas "chillonas" u opinan que no está "de moda". La seguridad en la carretera es una norma que cualquier jinete debería tomarse muy en serio.

- Aunque sólo tengáis que hacer un corto trayecto a caballo, equipaos como si fuerais de ruta: muchos accidentes tienen lugar en los alrededores de los centros hípicos e incluso a las mismísimas puertas de las instalaciones.

Arneses

El equipo que uséis para montar a vuestro caballo debe aportaros seguridad, comodidad y control; si no es el adecuado o está en malas condiciones, no cumplirá ninguna de estas tres funciones y quedaréis expuestos a un accidente. Hay muchos buenos libros que hablan de la elección y el empleo de los arneses; su lectura es tan recomendable como el valiosos consejo del guarnicionero.

La montura

❶ Debe ser la adecuada para la actividad a la que se destina

Por ejemplo, una silla de doma no está diseñada para el salto.

❷ Es de una importancia vital que se ajuste adecuadamente al caballo y al jinete

Una montura con un relleno deficiente puede causar molestias y ser el origen de una serie de comportamientos extraños en el caballo, y afectar a la postura y estabilidad de su jinete. La elección de una silla apropiada es algo más complicado que únicamente comprobar que el borrén delantero no le roce la cruz cuando el jinete está montado y ahorra mucho dinero en guarnicionería. Muchos propietarios se conforman con probar varias sillas y olvidan que, con el uso, el relleno de los bastes tiende a comprimirse y que el estado físico del caballo cambia con la edad, el ejercicio, e incluso entre el invierno y el verano. Por estos motivos, conviene comprobar el estado de conservación de la montura regularmente.

❸ Antes de montar, comprobad siempre la posición de las charnelas

Si las charnelas acaban en una pequeña pieza articulada, aseguraos de que ésta esté siempre hacia abajo, es decir, en posición horizontal o en línea con la charnela misma. De esta manera, si cayerais del caballo y os quedara un pie trabado en el estribo, la ación del estribo se deslizaría por la charnela y se desprendería de la montura.

❹ Comprobad el estado y la talla de los estribos

Los estribos deben estar fabricados con un acero inoxidable pesado y de buena calidad. Si perdierais un estribo, los de este tipo se balancearían alrededor de vuestras piernas y os facilitaría el hecho de recuperarlos. Los que cuentan con una goma rugosa en su base son menos resbaladizos y ayudan a mantener el pie en la posición correcta. La anchura del estribo debe ser 2,5 cm mayor que la parte más ancha de vuestro pie, para evitar que la bota quede atrapada en él; si fuera más ancho, el pie se os deslizaría hacia delante y el estribo os aprisionaría el tobillo.

Todas las hebillas de las aciones de estribo, cinchas y bridas deben ser de acero inoxidable.

Las bridas

❶ Deben ser adecuadas para la disciplina que se practica

Un concurso de cross-country no es lugar para lucir unas ligeras y adornadas bridas de presentación.

❷ Deben adaptarse correctamente al caballo

Hay que cuidar el más mínimo detalle. Una frontalera demasiado apretada, por ejemplo, puede pellizcar la base de las orejas del caballo y provocar no sólo rozaduras y llagas, sino comportamientos extraños en el animal, como tirones y sacudidas de cabeza mientras se le monta.

❸ La embocadura debe ser adecuada

La embocadura debe colocarse a la altura correcta y el hierro tiene que ser de la anchura y el diámetro adecuados a la forma de la boca del animal. En aquellas situaciones en las que el caballo ofrezca más resistencia o se ponga nervioso –como por ejemplo en el salto de obstáculos–, es aconsejable colocarle una embocadura que proporcione mayor control que la que normalmente se le pone para trabajar en casa.

❹ Las riendas deben ser bastante fuertes para la actividad para las que se usan

No deben ser tan anchas que resulten dificiles de agarrar. Las que tienen una textura rugosa aportan mayor control si se vuelven resbaladizas con lluvia o sudor. Las que vienen forradas con un material antideslizante no deben repararse cuando se hayan desgastado con el uso porque, aparte de que el nuevo material dificilmente coincidirá con los agujeros originales, el desgaste del cuero interior pasaría desapercibido. Otro aspecto importante es el que concierne a su longitud: las riendas no deberían ser tan largas que pudieran enrollarse alrededor del pie del jinete.

Mantenimiento

❶ Comprad únicamente productos de calidad

No compréis arneses de cuero de segunda mano; aunque tengan una apariencia satisfactoria, pueden resultar decepcionantes. Un deficiente manejo anterior puede significar que la estructura interna del cuero esté reseca y se rompa sin avisar.

❷ Sustituid o reparad los componentes estropeados antes de que alcancen un estado crítico
❸ Limpiad regularmente el equipo
❹ Comprobad a menudo el desgaste o deterioro de los arneses

COMPROBACIONES DE SEGURIDAD

- **Antes de montar, comprobad todos los arneses por ambos lados**, particularmente si alguien lo ha hecho antes por vosotros.
- **Una vez por semana, desmontad todo el equipo** para limpiar a fondo todos los recodos de difícil acceso, como las correas (de la cabezada y las riendas) que se unen a la embocadura.
- **Comprobad siempre:**
  la embocadura: que no tenga bordes afilados;
  las lengüetas de las hebillas: que no estén torcidas ni ajadas;
  el estado del cuero: que las zonas sometidas a roce no estén agrietadas, erosionadas o torcidas;
  los alacranes: (especie de ganchos que sujetan la cadenilla), que no estén demasiado sueltos ni torcidos;
  los agujeros de las correas: que estén limpios y separados entre sí;
  las costuras: que no estén rotas ni deterioradas;
  los bastes de la montura: que el relleno no tenga zonas huecas ni grumosas;
  las charnelas: que estén absolutamente rígidas e inmóviles.
- **Todas las superficies de cuero deben tener un aspecto sólido y flexible;** si estuvieran resecas o agrietadas podrían romperse de un momento a otro.
- **El fuste de la montura** se puede romper, retorcer o distorsionar, normalmente por el borrén delantero o la zona central de la silla. Si tenéis alguna duda sobre su estado, llevadla al guarnicionero.

Montar al exterior con seguridad

Los paseos pueden formar parte del entrenamiento de vuestro caballo o simplemente proporcionar variedad a la rutina de su manejo. Para algunos jinetes no son sino un saludable y relajante pasatiempo. Las salidas al exterior, sin embargo, pueden resultar una actividad arriesgada si no se toman una serie de precauciones.

❶ **Equipaos con lo referido en "Qué hay que llevar para salir de ruta" (ver página a la derecha)**

❷ **Decid siempre adónde vais y sobre qué hora pensáis regresar**

Evitad salir solos: id siempre con un compañero y preferiblemente con dos. Así, en caso de emergencia, seréis más a solucionar el problema.

❸ **Estad especialmente atentos mientras atraveséis campos destinados al pasto**

A poder ser, evitad cabalgar por campos en los que pasten vacas y caballos sueltos.

❹ **Evitad galopar siempre en los mismos lugares.**

Si galopáis siempre en los mismos lugares, vuestro caballo acabará anticipándose y acabaréis teniendo problemas para calmarle y/o controlarle.

❺ **Intentad planificar rutas "circulares".**

Volver siempre por el mismo camino hace que, al dar la vuelta, algunos caballos se planten o

UN FINAL FELIZ

Tras un largo período de lluvias y una agotadora jornada de trabajo a finales de otoño, Debbie comprobó con sorpresa que había dejado de llover y, en ese mismo instante, decidió celebrarlo dando un paseo con su caballo. Pasó parte de la tarde cabalgando por senderos próximos a grandes espacios abiertos cuando de pronto le apeteció darse un buen galope. Lo único que podía recordar cuando despertó en el hospital era que galopaba a toda velocidad. A juzgar por las huellas de un derrape y la cantidad de barro que cubría uno de los costados de Monty –que afortunadamente se quedó junto a ella–, se dedujo que el animal debió patinar en una zona embarrada, se desequilibró y cayó al suelo.

Varias horas después, una señora que paseaba con su perro se extrañó ante la visión de un caballo parado y sin jinete, y encontró a Debbie inconsciente. Debbie se recuperó en el hospital, pero un fuerte impacto en el cerebro la dejó semiparalizada y tuvo que someterse a varios meses de fisioterapia antes de poder andar sin la ayuda de una muleta.

La ruta elegida por Debbie no solía frecuentarse durante esa época del año y, como no dijo a nadie que se marchaba ni dejó una nota explicando a dónde se dirigía, bien podrían haber pasado días, en vez de horas, antes de que alguien la encontrara.

En un accidente de esta gravedad, unos minutos más o menos pueden significar un desenlace fatal, por lo que Debbie, al fin y al cabo, resultó ser una chica muy afortunada.

quieran llegar a casa a toda prisa.

⑥Mantened la distancia de seguridad entre los caballos para evitar recibir una coz

⑦Observad el estado del suelo

• Recordad que, con la lluvia, el suelo se deteriora muy rápidamente en forma de barro y terreno resbaladizo.

• Antes de adentraros en una zona desconocida, pedid consejo a los lugareños acerca de qué partes debéis evitar o a qué peligros, tenéis que estar atentos.

• Cuando vayáis por cunetas de hierba, id al paso: pueden esconder muchos peligros como basura, hoyos o tapas del alcantarillado.

⑧ Acortad los estribos en 1-3 agujeros de su longitud habitual

Ello os proporcionará mayor seguridad y os permitirá mantener fácilmente el equilibrio en fuertes pendientes.

⑨ No corráis más de lo que el caballo sea capaz sin poneros en peligro

⑩ Sed considerados con los jinetes que os crucéis y con vuestros mismos compañeros

QUÉ HAY QUE LLEVAR
PARA SALIR DE RUTA

Incluso si vais a recorrer un tramo muy corto, llevad siempre los materiales mínimos. La mayoría de las cosas que podáis necesitar os cabrán en los bolsillos del anorak, en invierno, o en una riñonera, en verano. También podéis atar cosas a las anillas de la montura o comprar un sudadero con bolsillos incorporados.

• **El botiquín de bolsillo (ver p. 154)**
• **Un escarbacascos**
• **Un ramal:** hacedle un nudo del ahorcado y enganchadlo a una de las anillas delanteras de la silla.
• **Un silbato:** para indicar vuestra posición; soplar un silbato es menos cansado que gritar y su pitido suena más fuerte que vuestra propia voz.
• **Un teléfono móvil** (recargado, pero en posición de silencio).
• **Una tarjeta telefónica o algunas monedas** para llamar desde una cabina.
• **Un cordel de las balas de forraje**
• **Un pequeño cuaderno de notas y algo infalible con que escribir** como por ejemplo, un color de cera.
• **Un ahogadero:** esta correa de cuero puede sacaros de más de un apuro.
• **Vuestras señas:** nombre, dirección, vuestro pariente más cercano y su número de teléfono, los medicamentos que debéis tomar y si sufrís algún trastorno, como alergias, diabetes o ataques epilépticos. Escribid todos estos datos en una ficha plastificada y llevadla siempre en el bolsillo (¡nunca pegada en el interior del casco!)
• **Las señas de vuestro caballo:** si caéis y el caballo se escapa, la persona que lo encuentre debe saber a quién llamar. Atad la siguiente información a una anilla de la silla o de la brida: vuestro nombre y teléfono (o los de vuestra caballeriza) y los de vuestro veterinario.
• **Un mapa y una brújula:** si os disponéis a hacer una larga ruta o salís a explorar una zona nueva.

A caballo por la carretera

Los caballos tienen preferencia respecto a los automóviles, pero eso no significa que tengan más derechos que ellos: la responsabilidad al circular por carretera es una obligación compartida. Si no tenéis otra opción que cabalgar por un largo trecho de carretera, observad las siguientes normas:

❶ Evitad circular por carretera a horas punta

❷ Estad siempre atentos a peligros

Anticipaos a los objetos en vuestra trayectoria que puedan atemorizar al caballo, como contenedores de basura o señales de tráfico, y esperad a tener un hueco entre los automóviles para sortearlos.

❸ Prestad mucha atención al tráfico

• **Si un gran vehículo os viene de cara** y pensáis que puede alarmar al caballo, haceos a un lado o retiraos a la cuneta para aumentar la distancia respecto al mismo y cededle el paso.

• **Tened cuidado con los coches aparcados** que puedan arrancar de un momento a otro o contener un perro que se ponga repentinamente a ladrar.

• **Circulad en el mismo sentido del tráfico;** si vais montados como a pie; cuando llevéis al caballo del diestro, interponeos entre el tráfico y él.

• **Escuchad el tráfico** que se os acerque desde cualquier dirección y mirad de vez en cuando por encima del hombro para detectar cualquier vehículo que os venga por detrás.

• **Dad las gracias a los conductores** considerados que disminuyen la velocidad para no asustar a los caballos.

❹ No os detengáis: obligad al caballo a seguir siempre hacia delante

❺ No circuléis por carreteras peligrosas

No transitéis por carreteras heladas o cubiertas de nieve, ni al crepúsculo, ni durante la noche ni en días de niebla.

❻ Llevad siempre un "tutor"

No intentéis acostumbrar a un caballo novato a circular por la carretera sin la presencia de otro caballo experimentado que le enseñe y le proteja.

❼ Montad, como máximo, a fila de a dos

Por carreteras estrechas, con curvas cerradas, de escasa visibilidad o cuando emprendáis un puente peraltado, circulad en fila de a uno.

❽ Cuando vayáis en grupo, sed muy prudentes

Si vais en grupo y tenéis que cruzar una carretera, hacedlo juntos y no de uno en uno o de dos en dos. Si el grupo tiene más de ocho jinetes, dividíos en dos grupos para hacer la maniobra más fácil y segura.

⑨ Haced señales claras y bien visibles

Aprended las señales que indican a los demás conductores si queréis girar a la izquierda, a la derecha, que reduzcan la velocidad o que se paren.

⑩ Aprended cómo hay que circular por una rotonda

Cuando lleguéis a una rotonda, circulad siempre por la izquierda hasta que lleguéis al tramo por el que vais a salir de la misma e indicádselo al conductor extendiendo vuestro brazo izquierdo. Sólo debéis extender el derecho para indicar que no vais a salir por el tramo siguiente.

Señas visuales

Cómo indicar que vais a girar a mano izquierda.

Cómo indicar que vais a girar a mano derecha. Aunque vayáis a girar a la derecha, manteneos siempre en el lado izquierdo de la carretera: posicionar al caballo entre los dos sentidos del tráfico y esperar para tomar el desvío es muy peligroso.

Para pedir a un conductor que ralentice su velocidad, subid y bajad el brazo recto, con la palma de la mano hacia abajo.

Para pedir a un conductor que pare, levantad el brazo con la palma de la mano hacia él. Siempre que sintáis que vuestro caballo se pone tenso y puede reaccionar de un modo imprevisible, o querráis avisar a un vehículo de algún peligro, haced esta señal al conductor.

A caballo por la pista

Aunque lo que más os guste sea salir a pasear, dedicar algún tiempo a un pequeño entrenamiento favorece la elasticidad, el equilibrio, la obediencia y la respuesta del caballo y le convierte en una montura más segura y agradable. Aunque también podéis incorporar algunos ejercicios al paseo, el trabajo en un suelo adecuado ofrece muchas más posibilidades. Si no tenéis la suerte de poder trabajar al caballo en unas instalaciones con un picadero cubierto o al aire libre, con una superficie conveniente, puede que podáis acceder a un prado cercano, previa consulta a sus propietarios.

Si montáis en un prado, debéis tomar algunas precauciones:

❶ Buscad una superficie nivelada y con un buen drenaje
Evitad las zonas abruptas o pedregosas que puedan hacer tropezar al caballo.

❷ Evitad las que tengan cerca algún peligro
No montéis en zonas cercanas a otras en las que haya animales pastando, árboles con ramas bajas o descolgadas, alambradas ni vallados eléctricos.

❸ Cuidado con los suelos demasiado duros
Montar en suelos duros y secos –especialmente durante el verano– puede provocar lesiones por torceduras o contusiones.

❹ Cuidado con los suelos de hierba mojada
Son muy resbaladizos y pueden entrañar zonas encharcadas. Antes de montar en estas condiciones, buscad un sitio más adecuado para entrenar.

Incluso así, algunas superficies esencialmente diseñadas para entrenar al caballo pueden ocasionalmente entrañar algún peligro: estad siempre atentos a cualquier riesgo potencial.

❺ Observad si hay zonas escalonadas que sobresalgan del suelo

❻ Evitad los charcos provocados por la lluvia o un mal drenaje

❼ Evitad los suelos poco profundos
Los suelos muy compactos con poco material encima no son adecuados.

Mientras entrenéis al caballo, recordad:

❽ Calentadle y enfriadle progresivamente
Para evitar lesiones musculares, iniciad el entrenamiento al paso largo. Cuando hayáis finalizado la sesión, enfriadle durante al menos diez minutos.

❾ Diseñad un entrenamiento variado
Si no sabéis qué hacer con vuestro caballo, o tenéis un montón de ideas, pedid consejo a un buen instructor.

❿ Acabad el entrenamiento con un ejercicio bien ejecutado y antes de cansar excesivamente al caballo
Trabajar a un caballo exhausto no sólo propicia el riesgo de lesiones, sino también la desobediencia. Tras el esfuerzo, elogiad y recompensad al caballo.

Saltar con seguridad

A la mayoría de los jinetes les encanta saltar. No obstante, el salto es una disciplina que, sin sentido común ni un mínimo de precauciones, entraña mayores riesgos de lesión.

❶ Aseguraos de que las condiciones del suelo son adecuadas para saltar

Si, tras la lluvia, el suelo está encharcado o embarrado, supondrá un mayor riesgo de tirones musculares y resbalones. Si, por el contrario, con el calor está demasiado seco y compactado, puede causar contusiones en las extremidades del caballo.

❷ Calentad al caballo siempre en llano

Tras un calentamiento en llano, empezad saltando pequeños obstáculos y aumentad la altura de los mismos progresivamente. Aseguraos de abordar los distintos tipos de obstáculos por el lado correcto. Cuando trabajéis una serie de obstáculos combinados (como por ejemplo voleas y cancelas), ponedlos a la distancia adecuada al caballo. Nunca intentéis confundirle, hacerle saltar un obstáculo más alto o ancho de lo que es capaz de superar ni llevarle al límite de sus posibilidades.

❸ Sabed cuándo hay que dar por finalizado el entrenamiento

El salto requiere un esfuerzo atlético y es mucho más extenuante de lo que pensáis. Un caballo cansado tiene más probabilidades de equivocarse (pero recordad que los que tienen un temperamento más competitivo no siempre muestran signos de fatiga mientras están saltando).

❹ Cómo instalar los obstáculos

• Usad **barras de colores contrastados** respecto al de la pista en la que montáis, para asegurar que el caballo las ve con claridad.

• Para afianzar barras de sección rectangular y cancelas, usad soportes de barras planos; para afianzar barras de sección circular, usad

soportes en forma de media luna. Si no usáis los soportes adecuados, el caballo podría derribar todo el obstáculo y exponerse a serias caídas y lesiones.

• **No uséis materiales potencialmente peligrosos**, como por ejemplo, neumáticos o bidones de aceite; si el caballo los golpeara, podrían salir rodando y hacerle tropezar.

❺ No saltéis obstáculos que no estén bien afianzados en los extremos

Si cayeran al suelo, podrían lesionar al caballo.

❻ No dejéis los soportes de las barras tirados por el suelo

Si el caballo los pisara o cayera encima de ellos, podrían herirle seriamente.

❼ No levantéis ningún obstáculo con un falso aplomo

Todos los componentes de un obstáculo deben estar levantados en una línea perpendicular al suelo o bien ligeramente inclinados en la misma dirección de la trayectoria con la que se abordan.

Compatibilidad entre caballo y jinete

Una de las causas de un mal corportamiento por parte del caballo (e incluso de más de un accidente) puede ser la incompatibilidad entre caballo y jinete. Si montáis en un centro hípico, seguramente el caballo que se os ha asignado sea el más adecuado en talla, morfología, carácter y experiencia para vuestro nivel de equitación. Siempre que consideréis intercambiar, compartir o

tomar prestado un caballo, deberíais tener en cuenta todas estas características.

❶ ¡El tamaño sí importa!

Un caballo demasiado grande o pequeño, corpulento o esmirriado, puede dificultar la estabilidad, la seguridad y el control de su jinete. Un caballo muy alto puede complicar la rutina diaria a un propietario bajito, que apenas podrá cepillarlo ni ponerle los arneses sin gran esfuerzo; y, creedme: ¡controlar a un coloso obstinado no es nada fácil!

❷ El sobrepeso del jinete también importa

En realidad, este aspecto depende también de cada caballo, y no solamente de su altura, sino de su estructura corporal y de su edad. Un jinete demasiado pesado para su montura puede resultarle incómodo y el animal puede reaccionar con un comportamiento evasivo y unos movimientos más bien torpes que pueden incluso hacerle tropezar y caer.

❸ Los conocimientos del caballo deben corresponder con los de su jinete

Un caballo inexperto y un jinete novel no forman una buena pareja. Para montar a un caballo joven (y por tanto inexperto) se necesita un buen nivel de técnica y mucha habilidad.

❹ Caballo y jinete deben tener un carácter parecido

En este caso, la raza y el sexo del caballo, aunque no siempre, tienen mucho que ver. Un animal "poderoso" necesita un jinete competente, alerta, sensible, tranquilo y paciente; los animales más tranquilos suelen ser más tolerantes con los errores de un jinete torpe o novel. Un jinete brusco, nervioso o inexperto puede provocar a un animal de sangre caliente y acabar teniendo problemas.

❺ Caballo y jinete deben tener ambiciones parecidas

La ambición del jinete desempeña un papel definitivo en la relación con su caballo. Algunos jinetes son culpables de querer llegar demasiado lejos, demasiado pronto y de pretender abordar una dificultad sin haber resuelto sólidamente la anterior. Otros ejemplos de incompatibilidad pueden ser el de un caballo con un entrenamiento a nivel de competición con un jinete inexperto, o el de un caballo novato con un jinete demasiado ambicioso.

❻ Pedid consejo a un experto

Los que queráis comprar, alquilar o compartir un caballo y no tengáis la experiencia o los conocimientos adecuados, pedid a alguien que los tenga que os acompañe. Lo ideal sería hacerlo con vuestro monitor, que conoce vuestro nivel de equitación y os aconsejará mejor de lo que pudiera hacerlo un amigo.

Cómo manejar y montar otros caballos

Siempre que manejéis o montéis a un caballo por primera vez, hacedlo con mucha atención. Si estáis pensando en comprar, alquilar, intercambiar vuestro caballo con el de un amigo o montáis en una hípica en la que a menudo os asignan un caballo distinto, tened en cuenta estos consejos:

❶ No seáis demasiado tolerantes

Independientemente de lo que os diga la persona que lo maneja habitualmente.

❷ Observadle durante algún tiempo

Familiarizaos con su rutina habitual. Investigad cualquier manía o reacción extraña, preguntad si hay algo con que debáis tener un especial cuidado, recavad toda la información referente a su alimentación y pedid un número telefónico de contacto.

❸ Esforzaos en manejarle correctamente

Aunque su propietario habitual no lo haga, vosotros debéis esmeraros para evitar situaciones de riesgo. Puede que el caballo se muestre un poco desconfiado con la ausencia de su dueño. Siempre que manejéis a un caballo desconocido, hacedlo con mucha precaución e introducir cualquier cambio en su rutina de modo progresivo.

❹ Si tenéis que montar a un caballo desconocido, tomad todas las precauciones

• No le montéis inmediatamente: empezar "presentándoos" desde el suelo.

• Aunque se le acabe de montar, comprobad que todos los arneses estén bien colocados y que la cincha esté correctamente ceñida. No olvidéis vuestra seguridad: por más que alguien insista en que ya ha revisado todos los arreos por vosotros, comprobadlo personalmente. (Por ejemplo: verificad que los estribos sean de vuestra talla.)

• Ajustad la longitud de las aciones antes de montar para evitar tener que hacerlo desde la silla o tener que cabalgar con las aciones asimétricas, demasiado cortas o demasiado largas.

• Una vez montados y antes de echar a andar, echad un último vistazo a todos los arneses. Si el caballo es más bien nervioso, acortad las aciones uno o dos agujeros para favorecer vuestro equilibrio y seguridad.

• Si el caballo empieza a andar tan pronto como os sentáis en la silla, no echéis la espalda atrás, apretéis las piernas ni acortéis el contacto de las riendas; relajaos y pedidle que se pare; si no obedece, hacedle andar en otra dirección. (Hagáis lo que hagáis, no le deis demasiada importancia.)

• Permaneced un rato al paso: haced serpentinas, círculos, cambiad de mano y pedidle transiciones a la parada. Este primer contacto os dará una idea de la batida de sus trancos, lo sensible que es a vuestras manos y piernas y de la elasticidad de sus movimientos. Cuando estéis preparados, pedidle suavemente que pase al trote, y después al galope.

❺ No le atosiguéis ni tratéis con rudeza

No sólo vosotros no conocéis al caballo, sino que tampoco él os conoce a vosotros; así que esta primera etapa es una especie de tanteo mutuo. No dejéis que nadie os presione, os meta prisa ni os diga lo que tenéis que hacer: no intentéis nada si no os sentís suficientemente seguros o preparados.

❻ Si vais a comprar o tomar prestado a un caballo, pedid a su propietario que lo monte primero

Si no tenéis ninguna experiencia en el tema, pedid a vuestro instructor que os acompañe para aconsejaros. Insistid en probar el caballo en un lugar seguro y limitado.

Las causas de los comportamientos problemáticos

Algunas reacciones del caballo (como tirar hacia atrás) pueden ser peligrosas tanto para el jinete como para él mismo (y para las personas que estén cerca). De no ponerles remedio, estos comportamientos problemáticos siempre conllevan el riesgo de convertirse en vicios recurrentes.

Resolver cualquier problema significa eliminar sus causas, no sus síntomas. Un cambio de muserola, por ejemplo, puede provocar que el caballo no quiera abrir la boca para evitar la acción de la embocadura; pero si esta reacción es debida a un dolor en sus encías a causa de algunas puntas en sus dientes o a la mano dura de su jinete, este comportamiento puede degenerar en una reacción más peligrosa.

Algunas veces no hay uno sino varios factores confluyentes que no siempre son fáciles de identificar. Hay comportamientos problemáticos más graves que otros, y algunos requieren la ayuda de profesionales y/o especialistas.

Aunque es cierto que existen caballos problemáticos, estas reacciones suelen surgir no porque el animal sea rebelde o agresivo, sino porque es verdaderamente incapaz de resolver la situación por sí solo. Si reaccionáis de un modo inapropiado (como castigándole o gritándole), sólo conseguiréis fomentar su temor, desconfianza, resentimiento y necesidad innata de defenderse, aumentando las posibilidades de sufrir un accidente.

Para investigar las posibles causas de un comportamiento problemático, hay que estudiar detenidamente todas las facetas de su manejo.

❶ ¿Se ha alterado su rutina?
Algunos caballos se angustian mucho si se les traslada a otro lugar, se les cambia de prado, se les separa de sus compañeros o se integra un nuevo miembro a la manada.

❷ ¿Ha pasado un largo tiempo estabulado?
El "encarcelamiento" prolongado provoca una larga serie de vicios y desobediencias. Puede que en determinadas circunstancias, estabular a un caballo sea absolutamente necesario, pero hay que procurar que todos los días tenga la oportunidad de salir al campo y pastar con sus compañeros.

❸ Revisad su dieta
La dieta tiene que estar adaptada a su edad, peso, temperamento y al ejercicio que realice. La mayoría de las veces, la gente peca de sobrealimentar a sus caballos. Una dieta inadecuada puede favorecer la aparición de vicios (por ejemplo: si un caballo come poco forraje y una ración concentrada de pienso, se aburre durante muchas horas).

❹ Comprobad que no esté sufriendo física ni psicológicamente
- Dolor o algún otro problema físico (por ejemplo, poca visión).
- Algún problema en el herraje.
- Está en baja forma o soporta una montura o embocadura inapropiadas.
- Algunas antiguas lesiones que parecían curadas siguen dificultando su desarrollo muscular o motriz.
- No se le maneja correctamente.

❺ ¿Rechaza o simplemente no puede hacer lo que se le pide?
- ¿Ha tenido una educación previa?
- ¿Hay una falta de comunicación clara entre él y su entrenador/jinete?
- ¿Es físicamente incapaz de hacer lo que se le pide? El trabajo que se le impone, ¿es demasiado agotador o no es adecuado a sus posibilidades morfológicas o psicológicas? ¿Se le somete a una fuerte presión física y/o mental durante el entrenamiento?
- ¿Sufrió en el pasado algún accidente a causa del miedo? De ser así, tened en cuenta que los caballos tienen muy buena memoria para estas cosas.

Cómo obtener ayuda

Si tenéis algún problema con vuestro caballo, ya sea montando, ya durante el manejo, no intentéis resolverlo solos y, antes de que la situación se os vaya de las manos o se vuelva peligrosa, pedid ayuda. Cuanto más tiempo tardéis en deciros, más empeorará el asunto y más difícil será de resolver (lo que significa también que minará vuestra confianza y os impedirá actuar con seguridad).

❶ Buscad ayuda y consejo profesional

Aunque otros propietarios se ofrecerán amablemente a ayudaros, lo mejor es recurrir a la ayuda profesional. Hay problemas que tienen como orígen una incomodidad física que no siempre es evidente. Para ir descartando causas, podéis pedir al veterinario que eche un vistazo al caballo, y al guarnicionero que inspeccione la montura. Algunas veces, eliminando la causa se ataja el problema; otras, el recuerdo del dolor persiste durante un tiempo; otras, el patrón de un mal comportamiento se ha arraigado de tal manera que requiere "reeducar" al caballo tanto en el manejo como en la monta.

❷ Contratad los servicios de un instructor

Un buen punto de partida puede ser contar con un buen instructor que, a la vista del problema, sea capaz de ayudaros o remitiros a la persona adecuada. Preguntadle acerca de su experiencia; tampoco es que necesitéis a una persona altamente cualificada, pero un monitor novel puede tener menos técnica y recursos que otro de su mismo nivel que lleve años enseñando a jinetes y a caballos. Si os aconsejan "reeducar" al caballo desde cero, es muy importante empezar cuanto antes para evitar que un mal comportamiento vaya a más.

❸ Mentalizaos de que un vicio fuertemente arraigado no se soluciona de la noche a la mañana

Hay soluciones a un mal comportamiento que requieren mucho tiempo, paciencia y dinero. En algunos casos, las "curas" no son definitivas y pueden volver a aflorar en momentos de estrés; en otros no hay curación posible (y, en función del comportamiento del que se trate, deberéis plantearos el futuro del caballo). Un animal con un carácter violento y agresivo no debe ser cedido ni vendido a otra persona y, por difícil que os resulte decidir, puede que la única opción sea sacrificarle por su propio bien y por el de todas las personas que pudieran cruzarse con él.

MEDICINAS ALTERNATIVAS

Hay medicinas alternativas que han demostrado ser muy útiles en el tratamiento físico y psicológico del caballo. Si queréis conocer y probar otras técnicas, consultad a un veterinario especializado en alguna medicina alternativa: él os ayudará u os remitirá a un colega que pueda tratar el problema que le exponéis. Ningún profesional de este tipo de medicinas querrá manipular a vuestro caballo sin la colaboración de un veterinario convencional; y deberíais desconfiar de quienes no respeten esta norma.

Una guía original y práctica para ayudarle a entender y sentir la vida desde el punto de vista de su caballo. Esto le permite construir un vínculo duradero, una verdadera asociación con su caballo. Un enfoque original y práctico de entrenamiento que le llevará, paso a paso, a captar la atención de su caballo, crear estímulos para el aprendizaje, motivarlo cada día y solucionar los problemas cotidianos.

ISBN: 84-95376-31-8

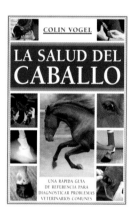

Este libro es una rápida guía de referencia para diagnosticar problemas veterinarios comunes.
Tres sencillas secciones le permiten identificar problemas y, si es posible, tratarlos usted mismo. Los flujogramas incluidos le llevan a descripciones claras de los diagnósticos y su tratamiento y en la última sección, se explican los términos y los procedimientos técnicos.

ISBN: 84-95376-45-8

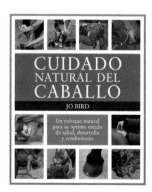

Una guía práctica e ilustrada que le ayudará a comprender las necesidades individuales de su caballo o poni con un enfoque natural para su óptimo estado de salud, desarrollo y rendimiento. Aprenderá sobre la relación con su caballo; las relaciones entre caballos; los cuidados de su caballo a lo largo de toda su vida; requisitos del campo y de los pastos; arneses, bocados y demás utensilios; curas y remedios naturales; la estabulación desde el punto de vista de su caballo entre otras muchas cosas más.

ISBN: 84-95376-41-5

Este libro para niños ofrece a través de su contenido y preciosas ilustraciones, información a los pequeños sobre las distintas razas de caballos, su anatomía, su idioma, sus pasos y movimientos, sus marcas distintivas y mucho más. También enseña a los niños a mimar a los caballos con alimentos apetitosos y cuidados atentos. Incluye consejos útiles para un primer paseo a caballo, ideas para montar una fiesta hípica y un test muy completo de lo que han aprendido con este libro.

ISBN: 84-95376-34-2

ÍNDICE

Los números en **negrita** indican las páginas en las que se propone un tratamiento básico relacionado con el trastorno.
Los números en *cursiva* indican las páginas que ilustran el tema.

Créditos fotográficos

Fotografías suministradas por Ethan Danielson
Fotografías: p. 4-100 todas de **Karen Coumbe** excepto:
p. 6, 14, 33, 76, 78 Kit Houghton; p. 13, 77 D&C/Andy Perkins; p. 15, 43, 79, 94 Horsepix; p. 40 D&C/Bob Langrish; p. 50 Colin Vogel; p. 51 Tony & Marcy Pavord; p. 58 (arriba) Dr Derek Knottenbelt/University of Liverpool Department Veterinary Clinical Science and Animal Husbandry; p. 75 D&C/Kit Houghton; pp 82-3, 85 Bob Langrish

p. 102-152 y 164-187 todas de **Horsepix** excepto:
p. 103, 168, 170, 176 (abajo), 177, 184, 187 D&C/Kit Houghton; p. 106 (derecha) D&C/Andy Perkins; p. 107 Karen Coumbe; p. 109 (arriba) D&C/Matthew Roberts; p. 126 ILPH; p. 140 (arriba izquierda) Buxactic Ltd; p. 165(arriba) Bulldog Security Products Ltd; p. 172, 173 (arriba izquierda y derecha) D&C/Bob Atkins